«En un mundo serio, lleno de pruebas e incertidumbre, ¿cuándo fue la última vez que alguien le desafió a descubrir el *gozo* genuino? Aunque el gozo pueda parecer un lujo que no podemos adquirir, Tommy Newberry nos recuerda que la vida era para que se viviera con energía, realización, propósito… y sí, *con gozo*. He visto en persona a Tommy enseñar a algunas de las más grandes personalidades del mundo de los negocios del país a adoptar la mentalidad de su Principio 4:8 en el trabajo y la familia. Los resultados tangibles y positivos que han obtenido han sido tremendos. Sus enseñanzas y adiestramiento, que ahora están disponibles para usted y para mí en forma de libro, pueden hacer un mundo de diferencias en cómo enfocamos la vida hoy y en qué pueden terminar mañana nuestra vida, nuestras familias y nuestros aportes a la vida de los demás».

JOHN TRENT, doctor en filosofía, presidente de The Center for Strong Families

«¡Prepárese para que su mente se transforme! Sin andar con rodeos, Tommy Newberry le sacará de su zona de comodidad y revolucionará su manera de pensar. También le mostrará cómo sentir un gozo en su vida que nunca había sentido».

LES PARROTT, doctor en filosofía, fundador de RealRelationships.com y autor de *3 Seconds*

«Con *El Principio 4:8*, Tommy Newberry de nuevo se ha consagrado como primerísima autoridad para alcanzar y disfrutar del verdadero éxito en la vida. Puede llegar a ser todo aquello para lo que Dios lo creó cuando reprograme su mente con los principios eternos y el mensaje práctico descritos con claridad en este libro. Yo he usado y transmitido las enseñanzas de Tommy durante años, y después de leer *El Principio 4:8*, he quedado sorprendido por su simplicidad y su poder para hacer de nuestra vida una vida de gozo. ¡Usted querrá leerlo una y otra vez!».

BILL ORENDER, jefe nacional de ventas, Primerica Financial Services

«En *El Principio 4:8*, Tommy Newberry ha tomado la receta del apóstol Pablo para vivir una vida llena de gozo y la ha hecho accesible y práctica para todo el mundo. Con sabiduría y visión, Tommy da ejemplos de la vida real y claros consejos para cambiar su enfoque, transformar lo negativo en positivo y, lo más importante, para transmitir este poderoso principio a los demás».

DON Y CHERYL BARBER, animadores del laureado programa de televisión *goodnews don&cheryl*

«Como psicólogo clínico, veo con frecuencia cómo los patrones de pensamiento negativos y autodestructivos no solo conducen a una gama de problemas personales y relacionales, sino que limitan en gran medida nuestro potencial total. En *El Principio 4:8*, Tommy Newberry nos muestra con claridad y efectividad cómo transformar los antiguos patrones negativos de pensamiento en nuevos y productivos, mediante el uso de verdades bíblicas. La sabiduría contenida en este libro cualquiera la puede aplicar, ¡a partir de hoy mismo! Usaré esas herramientas poderosas y transformadoras en mi propia vida y en mi consultorio».

MARK E. CRAWFORD, doctor en filosofía, psicólogo clínico y autor de *When Two Become Three: Nurturing Your Marriage After Baby Arrives* [Cuando dos se convierten en tres: Alimentando su matrimonio después que llega el bebé]

«Con una pasión y claridad demoledoras, Tommy Newberry señala la verdad en *El Principio 4:8*. Lo insto a escuchar. Una nueva forma de vivir es posible».

NORM EVANS, presidente de Pro Athletes Outreach y ex profesional de la Liga Americana de Fútbol

EL SECRETO DE UNA VIDA LLENA DE GOZO

EL PRINCIPIO
4:8

EL SECRETO DE UNA VIDA LLENA DE GOZO

TOMMY
NEWBERRY

Publicado por
Editorial Unilit
Miami, Fl. 33172
Derechos reservados

© 2008 Editorial Unilit (Spanish translation)
Primera edición 2008

© 2007 por Tommy Newberry
Originalmente publicado en inglés con el título:
The 4:8 Principle
por Tyndale House Publishers,
Carol Stream, Illinois, USA
Todos los derechos reservados.
Traducido con permiso de Tyndale House Publishers, Inc.
Spanish edition by Editorial Unilit with permission of Tyndale House Publishers, Inc.

Traducción: Arturo Sedano
Edición: Rojas & Rojas Editores, Inc.
Fotografía de la portada: ShutterStock: Gregor Kervina

A menos que se indique lo contrario, las citas bíblicas se tomaron de la Santa
Biblia, Versión Reina Valera 1960. © 1960 por la Sociedad Bíblica en América
Latina. Las citas bíblicas señaladas con NVI se tomaron de La Santa Biblia, Nueva
Versión Internacional. © 1999 por la Sociedad Bíblica Internacional.
Usadas con permiso.

Producto 496837
ISBN 0-7899-1700-9
ISBN 978-0-7899-1700-3
Impreso en Colombia
Printed in Colombia

Categoría: Inspiración/Motivación/General
Category: Inspiration/Motivational/General

Este libro lo dedico con alegría a mi esposa, Kristin,
y a mis tres hijos, Ty, Mason y Brooks.

CONTENIDO

RECONOCIMIENTOS

Aunque me es casi imposible mencionar a todas las personas que me han influenciado y han aportado a *El Principio 4:8*, sí deseo reconocer a unos cuantos en especial que me ayudaron a hacer realidad este libro. Un agradecimiento sobre todo a mi agente Pamela Harty, que creyó en mí y en este proyecto en particular, y ayudó a que se hiciera realidad. Gracias a Carol Traver de Tyndale House Publishers, que captó la visión de este libro, vio su importancia y estableció los plazos que me impulsaron a escribir. Gracias a Karin Buursma y a Dave Lindstedt, de Tyndale, que examinaron de forma meticulosa cada palabra del manuscrito y me exhortaron a clarificar, simplificar e ilustrar los puntos clave de la forma más efectiva posible. Los lectores se beneficiarán mucho gracias a su experiencia, visión y atención a los detalles.

Gracias a mi buen amigo y socio de negocios Steve Cesari, cuyas ideas y aportes, de forma tanto directa como indirecta, pulieron muchos de los conceptos de este libro. Doy gracias a los entrenadores asistentes del Club 1%: Jan West, Michele Zakeri y Sara Bouman, cuya creatividad y apoyo táctico permitieron que se completara este proyecto en medio de muchas otras tareas que presionaban.

Gracias a mis padres que, en lo que la memoria me da, me respaldaron en repetidas oportunidades, a la manera 4:8, «Estamos orgullosos de ti», incluso cuando pronunciar esas palabras requería un buen salto de fe. Estoy agradecido a mi abuela Lillian Mason, que fue la primera que me explicó, de niño, la importancia de tener una actitud positiva al enfrentarse uno al éxito y a las contrariedades de la vida. Quiero darle las gracias a mi esposa Kristin, que siempre me alienta y practica de manera intuitiva el Principio 4:8 como esposa, madre y amiga. ¡Te amo!

Más que todo, quiero agradecer a Dios por darme el deseo, la paciencia, el sabio consejo y en especial la oportunidad específica de impactar al mundo con *El Principio 4:8: El secreto de una vida llena de gozo*.

PENSEMOS COMO PIENSA DIOS

Todas las cosas estarán listas cuando nuestras mentes lo estén.
WILLIAM SHAKESPEARE

Este no es un libro sobre la manera de pensar, como cree la mayoría de la gente. Usted no necesita un libro para eso. ¡Eso ocurre de manera natural! *El Principio 4:8* es un libro sobre cómo pensar diferente, pensar de una manera que lleve al máximo su potencial para el gozo. Debido a que la mayoría de la gente no tiene conciencia de su manera habitual de pensar, sienten menos gozo y viven una vida menos abundante que la que Dios diseñó para ellos.

He escrito este libro para ayudarle a mejorar la única cosa de su vida sobre la cual usted tiene pleno control: sus pensamientos. Eso influye mucho en todos los demás aspectos de su vida. En mi experiencia como entrenador de la vida, he observado que todo cambio perdurable llega precedido por un cambio de manera de pensar. Cualquier otro tipo de cambio será solo temporal. El lugar para empezar, entonces, es su vida mental, con un avivamiento de su mente. Y tengo buenas noticias para usted: ¡Ya no tiene que seguir siendo un esclavo de sus pensamientos!

Pocas personas han tenido experiencias con un pensamiento intencional y enfocado. Pasamos muy poco tiempo pensando en lo que pensamos. Para la mayoría de nosotros, pensar es una capacidad muy poco desarrollada, que a menudo transcurre con poca percepción consciente. Es probable que usted pase horas, e incluso días y semanas, repletos de una actividad frenética, pero le presta muy poca atención a la *calidad de los pensamientos* que pasan por su mente. La mayor parte de su pensamiento es como un ruido de fondo mientras usted se dedica a otras actividades. Pero detrás de cada cosa que hace hay un pensamiento, y cada pensamiento individual contribuye a su carácter general. La forma en que funciona su mente determina cuánto gozo experimenta, cuan exitoso se siente y cuan bien interactúa con las demás personas. **Ninguna esfera de su vida queda sin ser tocada por sus pensamientos.** Sus patrones habituales de pensamiento lo alientan a la excelencia o lo empujan a la debilidad.

Por la gracia de Dios, cada momento es un nuevo comienzo, una nueva aurora para sus posibilidades. Sus pensamientos pueden llegar a ser diferentes por completo y, como resultado, su carácter puede cambiar y su vida puede transformarse. Dios quiere que usted esté vivo por completo, lleno de pasión y bullendo de gozo. Después de todo, somos hijos de Dios, y ¿quisiera usted algo menos para sus hijos? El rey David ilustró de manera vívida el deseo de Dios cuando le escribió estas palabras al Señor: «Has cambiado mi lamento en baile; desataste mi cilicio, y me ceñiste de alegría» (Salmo 30:11). Dios desea que experimentemos un gran gozo, y nos ha creado con esa capacidad. ¡Quiere cosas buenas para nosotros y tiene un plan maravilloso para nuestro futuro!

Usted puede llegar a ser cualquier cosa que Dios haya tenido en mente al crearle. No habrá límites para su potencial total una vez que usted reconozca y ponga en práctica el secreto de una vida llena de gozo. A pesar de su pasado y sin tener en cuenta sus circunstancias actuales, su futuro podrá exceder incluso sus más altas aspiraciones. Solo hay una condición: *¡Tiene que aprender a pensar como piensa Dios!*

Puede que se esté preguntando: *¿Cómo podría yo hacer eso?* Bueno, por supuesto que es imposible pensar como piensa Dios, pues Él es omnisciente y todopoderoso. Pero podemos aprender a enfocar nuestros pensamientos en cosas que reflejen y honren su carácter. No es fácil, pero es más sencillo de lo que usted cree, y rinde grandes dividendos. Lo que es de veras difícil es vivir con las consecuencias de *no cambiar* su manera de pensar. Al igual que con muchos otros momentos definitorios de la vida, usted tiene la opción de pagar ahora o pagar después. Si prefiere diferir el pago al no cambiar su pensamiento, el costo final, con los intereses añadidos, será siempre más alto.

¿Cómo piensa Dios?

Para comprender cómo piensa Dios debemos primero entender *quién* es Dios. Con apenas un breve vistazo a través de la Biblia aprendemos que:

- Dios es amor.
- Dios es todopoderoso.
- Dios es omnipresente.
- Dios es omnisciente.
- Dios es la verdad absoluta.
- Dios es santo.
- Dios es misericordioso.

- Dios es fiel.
- Dios es justo.
- Dios es inmutable.

Aunque no es exhaustiva, esta descripción de la naturaleza de Dios nos da suficientes pistas para contemplar la perfección y el carácter ilimitado de nuestro Creador. Para pensar como Dios, usted tiene que tener la intención de reflejar la imagen divina en todo lo que haga. En ninguna parte es esto tan importante como en su vida mental. En la medida en que sus pensamientos reflejen los de Dios, no solo glorificará a Dios, sino que también incrementará su influencia positiva en sus seres amados. No hay duda de que usted será una luz mucho más brillante para muchos a los que quizá nunca conozca en persona. Dios quiere impartir su carácter y poder a través de todo individuo, y cuando esto sucede, el mundo cambia de manera instantánea, porque los que reflejan la gloria de Dios impactan al mundo.

El versículo de la Escritura en el cual se basa este libro es Filipenses 4:8, escrito por el apóstol Pablo:

> Por lo demás, hermanos, todo lo que es verdadero, todo lo honesto, todo lo justo, todo lo puro, todo lo amable, todo lo que es de buen nombre; si hay virtud alguna, si algo digno de alabanza, en esto pensad.

Si alguien tenía verdaderos motivos para ser negativo y estar abrumado, ese era Pablo. Acusado de forma injusta, confinado en prisión, y a la espera de la muerte, prefirió enfatizar las posibilidades en lugar de los problemas. En sus cartas instaba a los creyentes a pensar diferente y a levantarse sobre las normas del mundo. Aunque prisionero, no se lamentaba de las pobres condiciones, ni de su mala suerte, ni de estar encadenado a los guardias, ni siquiera de las cosas que se estaba perdiendo por no estar libre. En lugar de eso, Pablo escribía con un espíritu de gratitud y en un estilo alentador y gozoso, todo eso en medio de una continua oleada de persecuciones. El apóstol Pablo nos presenta un consejo en extremo sabio para pensar como piensa Dios, cuando nos insta a encontrar y permanecer en lo positivo de nuestra vida.

Filipenses 4:8 refleja de manera muy sucinta la naturaleza y el carácter de Dios, quien es de por sí verdadero, noble, justo, puro, amable y bueno. Como cristianos ¡estamos llamados a meditar en las cosas que reflejan el carácter de Dios! Eso no solo evita que nos concentremos en cosas pecaminosas o dañinas, sino que también nos permite llenar nuestras vidas de esperanza y optimismo.

De vez en cuando usted podrá escuchar predicar un sermón sobre este pasaje, en el que se alienta a las personas a concentrar sus pensamientos en las cosas positivas y beneficiosas. La mayoría de las personas que escuchan ese mensaje asienten con la cabeza y están de acuerdo con él en teoría. Sin embargo, lo que vale en realidad es poner *en práctica* el Principio 4:8 y ahí es donde este libro entra a jugar su papel.

¡Gozo por diseño!

En *El Principio 4:8* desafiaré algunas de sus presunciones más queridas y es posible que lo incite a salir de su zona de comodidad. Pero le prometo que valdrá la pena el esfuerzo. Desde 1991, he trabajado como entrenador de vidas para más de ochocientos clientes muy exitosos del Club 1% y muchos miles más en mis presentaciones en público. He usado los principios que usted está a punto de aprender para ayudar a la gente como usted a revitalizar sus mentes, salirse de condiciones desagradables y proseguir a dejar una huella única en el mundo. En los capítulos siguientes le mostraré cómo puede estar apagando una parte de la luz que Dios siempre ha querido que brillara a través de su vida. Después le mostraré paso a paso cómo pensar como Dios y mejorar su potencial para el gozo. Cuando usted viva de acuerdo con el Principio 4:8, dará lugar a una serie de cambios positivos en usted y sus seres queridos para las generaciones futuras.

En las páginas siguientes lo exhortaré a *descubrir*, *desarrollar* y *defender* su gozo. En cada una de esas secciones encontrará estrategias probadas en la práctica, sugerencias razonables y enfoques sostenibles para vivir una vida llena de gozo. Empiece hoy y aprenderá a:

- Tener un nuevo comienzo
- Actualizar su «programa de gozo»
- Eliminar las emociones destructivas
- Desarrollar inmunidad a las influencias negativas
- Expresar gratitud excepcional

Escribí *El Principio 4:8* para impelerle a nuevas maneras de pensar, hablar y actuar. En el resto de este libro, piense en mí como su entrenador. ¡Mi meta es ayudarle a alcanzar sus objetivos! Esté usted en un alza o en una baja de su vida, este libro puede ayudarle a llegar al siguiente nivel y más allá. Es gozo por diseño, el *diseño de Dios*.

¿Está listo para llenarse de gozo? Este es el momento. Hoy es el día. ¡Empecemos!

Por lo demás, hermanos,

todo lo que es verdadero,

todo lo honesto,

todo lo justo,

todo lo puro,

todo lo amable,

todo lo que es de buen nombre;

si hay virtud alguna,

si algo digno de alabanza,

en esto pensad.

FILIPENSES 4:8

PRIMERA PARTE

EN ESTO PENSAD

Descubra su gozo

CAPÍTULO 1

LA VIDA COMO DEBIÓ SER

Descubra el secreto de una vida llena de gozo

Si usted se interesa lo suficiente por un resultado, con toda seguridad lo alcanzará. Solo si usted desea de veras esas cosas y si las desea nada más que a ellas, y no desea al mismo tiempo un centenar de otras cosas incompatibles con la misma intensidad.

WILLIAM JAMES

¿Cuál es el secreto de una vida llena de gozo? ¿Existe acaso una cosa semejante? Desde el principio de los tiempos, la humanidad ha buscado por todas partes con la esperanza de descubrir este secreto. Hoy la mayoría de las personas tratan de encontrar gozo en algo o alguien que está fuera de sí mismas. Pero ¿dónde colocó Dios ese secreto de una vida llena de gozo? ¿Es posible que nuestro Padre celestial marcara con gozo cada una de las fibras de nuestro ser? Creo que Dios nos dio a todos nosotros la oportunidad de sentir la felicidad preventiva que yo llamo gozo. Después de todo, somos su más preciada creación.

Como humanos, buscamos el gozo en todos los sitios equivocados, y lo que obtenemos es solo una muestra esporádica, una fracción de lo real, una elaborada falsificación del gozo genuino. Buscamos fuera y no dentro. El secreto de una vida llena de gozo está tan cercano, es tan obvio, que con frecuencia adentro es el último lugar donde buscamos. Buscamos en cualquier parte menos adentro.

Vivir con gozo es nuestro derecho de nacimiento. Es la intención de Dios para todos sus hijos. En 1 Tesalonicenses, el apóstol Pablo escribe: «Estad siempre gozosos. Orad sin cesar. Dad gracias en todo, porque esta es la voluntad de Dios para con vosotros en Cristo Jesús» (5:16-18). Como hijos de Dios, somos herederos legítimos de la bendición de un gozo desbordante. Dios nos ha declarado dignos. Como resultado, tenemos un llamado, una responsabilidad de expresar y demostrar gozo con nuestra manera de vivir.

Estar lleno de gozo no significa que su vida sea perfecta. ¿Quién pretenderá eso? Ni siquiera significa que su vida es buenísima. Lo que sí significa es que usted confía en Dios y cree que Él tiene grandes planes para su vida, con independencia de lo que esté sucediendo en este momento. El gozo es el fruto contagioso e incontenible de un crecimiento de inspiración divina. Es una creencia enraizada en lo profundo, inconmovible, el resultado de un pensamiento correcto y sostenido, y de morar en la naturaleza y carácter de Dios. **El gozo es una señal externa de una fe interna en las promesas de Dios.** Es una forma de actuar, y es evidencia de madurez espiritual. El gozo no es un destino distante al cual usted llega; más bien es una senda que usted escoge para recorrerla cada día.

El gozo es la suma y la sustancia de la salud emocional. Es un estado de la mente que debe cultivarse de manera deliberada si usted está decidido a vivir, amar e influir en los demás de la manera que Dios quiere. ¿Cómo se cultiva el gozo? Para empezar, tome la decisión de no resignarse más

nunca a nada que sea menos que el gozo real. Con indepen-
dencia de las condiciones exteriores, el gozo es el resultado
de practicar lo que yo llamo el Principio 4:8. De eso hablare-
mos más en el siguiente capítulo.

Mis dos hijos mayores se han dado cuenta de que no soy
el tipo más complicado del mundo. Cuando estamos jugando
a capturar la bandera con sus amigos, a menudo escondo la
bandera en un sitio despejado, casi a plena vista. Ya se pue-
de imaginar: durante un buen rato a los muchachos ni se les
ocurre mirar ahí. Cuando jugamos al escondido, con fre-
cuencia me escondo en el mismo lugar dos o tres veces se-
guidas y en consecuencia evito que me descubran (al menos
por un ratito). Nuestra naturaleza humana, con ayuda de la
cultura moderna, promueve la idea de que las soluciones
deben ser profundas y complicadas para ser valiosas. En la
mayoría de los casos, nada puede estar más lejos de la ver-
dad. Las soluciones duraderas son sorprendentes por lo sen-
cillas. **El gozo está dentro de nosotros, pero hay que
liberarlo.**

¡Mantenga sus pensamientos fijos en Dios!

La disciplina mental es la capacidad de mantener siempre
enfocados sus pensamientos. Cuando usted use el Principio
4:8 como un filtro para su pensamiento, se concentrará en
Dios y la bondad para excluir todo lo demás. Como resulta-
do, empezará a desarrollar fortaleza mental. Con altos nive-
les de disciplina mental, alcanzará sus objetivos más rápido,
mejorará su potencial para el gozo y será más divertido estar
cerca de usted. Cuando mantenga sus pensamientos fijos en

Dios, las cosas de Dios permearán su vida de manera natural, y por tanto sus objetivos estarán en armonía con Su voluntad y Su reino. Virtualmente cualquier meta de relevancia estará a su alcance cuando usted tenga disciplina mental. Sin el enfoque positivo que requiere el Principio 4:8, hasta los objetivos fáciles se convierten en muy difíciles de alcanzar.

Con músculos mentales débiles, la existencia del gozo en su vida será aleatoria e impredecible. La pereza mental disuelve con lentitud su potencial para el gozo; primero en privado, en sus pensamientos, y luego en público, al manifestarse en sus acciones y circunstancias. El concepto de la disciplina mental puede sonar amedrentador e incluso intimidante, pero una vida sin disciplina mental es mucho más abrumadora. Puede que sea un reto, pero verá que el Principio 4:8 es tan sencillo que hasta un niño lo puede aprender. Una noticia aun mejor es que no hay necesidad de ser perfecto. Después de todo, la perfección en realidad no existe, aparte de Dios. Todo lo que tiene que hacer es concentrarse en el progreso. Por lo tanto, a medida que lea las páginas siguientes, ya no trate de ser sin defectos, sino concéntrese en mejorar cada día.

Cuando procure de manera deliberada mejorar su actividad mental, usted mejorará de manera constante todas las áreas de su vida. Su vida familiar será más apacible. Alcanzará más rápido sus objetivos financieros. Con músculos mentales fuertes y tonificados, estará más adaptado desde el punto de vista espiritual, emocional, relacional y físico. Y de paso comenzará a disfrutar de la vida como debe ser, llena del gozo que procede de confiar en las promesas de Dios.

¿Qué *puede* hacer?

Cuando mi hijo Ty tenía ocho años, se fracturó el brazo derecho después de su primera práctica de fútbol. Había estado tan emocionado tras su primer día de contacto real que incluso antes de que llegáramos al auto para irnos a casa había insistido en mostrarme, a cámara lenta, cómo había aprendido a ir a la ofensiva. Por desdicha, perdió el equilibrio y cayó de espaldas sobre el brazo derecho, y se hizo una fractura por encima de la muñeca. Según el médico, Ty tendría que estar enyesado por no menos de seis semanas para darle tiempo al hueso de soldarse por completo, y lo más probable era que perdiera la mayoría de los juegos. Aquello no era un buen comienzo para el otoño.

> La mente es su propio lugar y en sí misma puede hacer un cielo del infierno, y un infierno del cielo.
> JOHN MILTON

27

Después de la decepción inicial, Ty pareció estar manejando la contrariedad bastante bien. Entonces, un par de días después, mientras volvíamos a casa desde la iglesia, cayó en una espiral negativa, al hablar de todo lo que no podía hacer con un solo brazo. Era muy prolijo, aunque su madre Kristin y yo tratamos de interrumpirlo varias veces para cortar aquel ciclo de derrotismo mental.

Cuando llegamos a casa le pedí a Ty que me viera en mi estudio unos pocos minutos.

—Ty, ¿no crees que hay muchas cosas que todavía puedes hacer, incluso con tu brazo derecho fracturado?

—No, las cosas buenas de verdad no.

—Muy bien —dije—, entonces te voy a dar un buen ejercicio como el que yo hago en el Club 1%, que te mostrará cuánto puedes hacer todavía.

Como no tenía opción, aceptó participar… sin entusiasmo.

—Ty —le dije—, escribe veintiuna cosas que todavía puedes hacer con el brazo derecho, y hemos terminado.

Con una expresión curiosa, Ty respondió:

—Papá, estoy enyesado. No puedo escribir.

—Ah, es verdad —dije yo riendo, deseando que pudiéramos comenzar de nuevo—. Entonces habla, y yo escribiré.

Así que Ty comenzó a hablar y yo empecé a escribir. Con lentitud y un poco de estimulación, aparecieron las primeras respuestas. Podía leer libros, montar bicicleta, mirar televisión y jugar juegos de video. Esas cosas inspiraron aun más ideas. Ty prosiguió: «Puedo ir de campismo o correr. Puedo jugar en mi casa de árbol. Puedo ir al cine, comer rositas de maíz y chocolates M&M. También puedo hacer experimentos científicos. Puedo hacer ejercicios abdominales, darme una ducha y arreglar la cama». Cuando nos acercamos a la meta de veintiuna ideas, ya yo escribía a toda velocidad.

—Bien, ya son veintiuna —le informé.

—Sigue escribiendo, Papá. Quiero poner algunas más —me dijo, pues ya no le molestaba el ejercicio.

Al final, con treinta y cinco ideas, Ty ya estaba listo para detenerse. Le di la lista que me había dictado y le pedí que la leyera en voz alta. Mientras leía, podía ver crecer su emoción. Había en realidad muchas cosas que un muchacho todavía podía hacer con un brazo partido.

—¿Puedo enseñarle a Mamá mi listado? —preguntó Ty.

—Claro —le dije—, pero permíteme que te haga antes una última pregunta. ¿Crees que podríamos haber hecho una lista igual de larga con las cosas que no puedes hacer con el brazo partido?

—Sí —respondió con prontitud—, pero ¿para qué?

—Bien dicho —dije, mientras disfrutaba de su sonrisa—. Ve y enséñasela a tu mamá.

Tengo que admitir que en los días siguientes Ty y yo repetimos una versión abreviada de aquel ejercicio varias veces siempre que su actitud caía en una baja. En uno o dos minutos la manera de pensar de Ty volvía con rapidez a lo positivo. A medida que cedía la tensión se podía ver que el gozo regresaba. Ty estaba aprendiendo a ganar la batalla de su mente y empezaba a entender el secreto de una vida llena de gozo.

Sus pensamientos quedan al descubierto

Casi todo lo que le ocurre, sea bueno o malo, se origina en un pensamiento. Los neurólogos pueden demostrar ahora que cada pensamiento envía señales eléctricas y químicas por su cerebro que al final afectan a cada célula de su cuerpo. Los pensamientos pueden influir en su sueño, su digestión, su pulso, en la composición química de su sangre, y en todas las demás funciones corporales. **Las conversaciones secretas que usted sostiene en la privacidad de su mente están conformando su destino poco a poco.** Con cada pensamiento que corre por su mente, usted está de continuo reinventándose a usted mismo y a su futuro. Los estudios indican que la persona promedio tiene alrededor de cincuenta mil pensamientos por día. Eso es una noticia buena o mala, porque cada pensamiento lo acerca o lo aleja del potencial que le ha dado Dios. No hay pensamientos neutrales.

> El mundo exterior de las circunstancias toma forma en el mundo interior de los pensamientos, y las condiciones externas agradables y desagradables son factores que obran para el bienestar final del individuo. Como segador de su propia cosecha, el hombre aprende con el sufrimiento y con la bendición.
>
> JAMES ALLEN

Las cosas en las que pone a pensar a su mente serán reveladas al final y todos las conocerán. Recuérdese con una sonrisa que *«mis pensamientos están al descubierto»*. Mire, tiene dos opciones: Por su manera de pensar puede sacar lo mejor de usted y de los demás, o puede sacar lo peor. **Lo que piense de manera persistente, al final, de manera inevitable, se cristalizará en las palabras que dice y las cosas que hace.**

Cada pensamiento que usted tiene impulsa su vida en una dirección específica, a veces de forma menos importante, otras veces de forma más importante. Cada pensamiento individual tiene importancia. Es desafortunado que 90% de los pensamientos que usted tiene hoy sean la repetición de los que tuvo ayer o anteayer. Esa es la razón principal por la cual los cambios permanentes y positivos de la vida tienden a recibir tanta resistencia de parte de la mayoría de las personas.

Si su objetivo es llevar al máximo sus posibilidades de gozo, primero tendrá que disciplinar su mente. Eso es responsabilidad suya, algo de lo que debe tomar posesión de inmediato. Ponga de su parte ahora para que Dios pueda honrar su fe y darle poder para vivir una vida de excelencia. Tenga los pensamientos que tendría si confiara por completo en las promesas de Dios. Pase de los pensamientos al azar, a posteriori, a los pensamientos deliberados y con propósito. Usted tiene autoridad sobre sus pensamientos, pero Dios no lo va a obligar a ejercer este aspecto de su libre albedrío más de lo que lo obliga a hacer ejercicios de forma habitual, a ingerir una dieta saludable, a leer la Biblia o a ponerse el cinturón de seguridad. Pensar de manera correcta es una decisión que tiene que tomar por su cuenta durante el resto de su vida. Si usted se lo propone, puede seleccionar sus pensamientos y así darle una nueva forma a su vida aquí en la tierra para que llegue a ser algo espectacular. La alternativa es rendir esa libertad y llevar una vida de mediocridad, dominada por la incertidumbre y el suspenso. Esto puede sonar duro a primera vista, pero sé que es la verdad, y sospecho que usted también lo sabe.

En Romanos 12:2 se nos enseña que la transformación es el resultado de una mente renovada. El apóstol Pablo escribe: «No os conforméis a este siglo, sino transformaos por medio de la renovación de vuestro entendimiento, para que comprobéis cuál sea la buena voluntad de Dios, agradable y perfecta». La idea es que usted tiene que controlar sus pensamientos y sentimientos si quiere experimentar el ideal de

31

Dios para su vida y obtener el máximo provecho de cada momento de cada día. Es desafortunado que la mayoría de las personas luchen por cambiar sus circunstancias (perder peso, arreglar su matrimonio, ganar más dinero) cuando lo que deberían pedir a Dios es que los ayudara a renovar sus mentes. Cuando nuestras mentes estén renovadas, las circunstancias se ocuparán de sí mismas.

32

La felicidad que trae un valor perdurable a la vida no es la felicidad superficial que depende de las circunstancias. Es la felicidad y el contentamiento que llenan el alma incluso en las circunstancias más pesarosas y en el ambiente más amargo. Es la clase de felicidad que hace una mueca cuando las cosas van mal y sonríe a través de las lágrimas. La felicidad por la cual nuestras almas suspiran es una a la que no afectan el éxito ni el fracaso, una que estará arraigada en lo profundo de nosotros y nos proporcionará un relajamiento interno, paz y contentamiento, sin importar cuáles sean los problemas que haya en la superficie. Esa clase de felicidad no tiene necesidad de ningún estímulo exterior.

BILLY GRAHAM

El secreto para vivir una vida excepcional *mañana* es solo cuestión de tener pensamientos fuertes y gozosos *hoy*. Es el resultado neto de programar su mente con la clase de ideas de alta calidad y posibilidades ilimitadas que le liberarán y le permitirán volar alto y prosperar como Dios pretende. Nunca estará de más nada de lo que yo diga acerca de la importancia de desarrollar la disciplina mental. La batalla que usted libra contra su naturaleza humana es una lucha invisible que se gana o pierde en la mente. Minuto tras minuto, hora tras hora, en los talleres ocultos de su mente, usted está produciendo pensamientos de bien o de mal, de depresión o de gozo, de éxito o de fracaso. Usted está escribiendo la historia de su propia vida como ser humano con cada pensamiento sutil e inaudible que tiene.

33

El regalo del presente

¿Sabe usted que no podrá estar lleno de gozo si no tiene pensamientos gozosos? No se puede preocupar si no tiene pensamientos de preocupación. No puede sentir temor si no tiene pensamientos de temor. ¿Puede recordar alguna época en que haya tenido pensamientos de esperanza y felicidad pero al mismo tiempo se sintiera deprimido? ¿Puede imaginarse actuar con amor mientras tiene pensamientos amargos de ira y resentimiento? Mientras piensa, solo tiene el momento presente. Todo lo que tiene es el *ahora*. ¡Piense en eso como en el regalo del presente! Un recuerdo bendecido se siente como un gozo del presente. Un recuerdo sombrío se percibe como un dolor presente. Como resultado, **pensar, hablar y preocuparse por lo que usted no quiere no podrá jamás darle lo que quiere.**

La importancia del pensar de forma correcta se enfatiza en todo el Antiguo y el Nuevo Testamentos. En Proverbios se nos dice del hombre que «Cual es su pensamiento en su corazón, tal es él» (23:7) y también: «Sobre toda cosa guardada, guarda tu corazón; porque de él mana la vida» (4:23). Proteger nuestra mente de una información negativa será el centro de la tercera parte.

En Job 3:25 se nos advierte que lo que tememos tiene la tendencia a convertirse en realidad. Y Jesús en repetidas ocasiones nos recuerda que lo que recibimos es el resultado de lo que creemos. Este punto lo subraya en el Sermón del Monte, cuando enseña que hasta tener pensamientos lujuriosos es pecado: «Si tu ojo es bueno, todo tu cuerpo estará lleno de luz» (Mateo 6:22). En Mateo 15:18 se nos dice que a las personas las contaminan o vuelven impuras lo que está en sus corazones, en otras palabras, su manera de pensar. Jesús sabía bien que los pensamientos persistentes al final conducían a la acción. Igual Pablo, que nos alienta a llevar «cautivo todo pensamiento a la obediencia a Cristo» (2 Corintios 10:5). ¿Puede imaginarse un pensamiento negativo, dudoso, contraproducente o de «pobre de mí» que sea obediente a Jesucristo?

Por último, con la gran sencillez de la verdad, Santiago lo resume todo al decir que el que duda es «inconstante en todos sus caminos» (Santiago 1:8). Ser de doble ánimo o impuro en sus pensamientos es lo contrario de tener una disciplina mental. Es como orar por el sol y después tomar el paraguas al salir por la puerta. Es perdonar a su cónyuge por un agravio y después repetirlo una y otra vez en su mente. Es esperar lo mejor y temer en secreto lo peor. Es la incapacidad de dirigir sus pensamientos en una dirección deliberada, preconcebida. Aunque la gracia de Dios no exige disciplina mental, llevar una vida de excelencia debe estar precedido de eso.

Dios diseñó la mente suya para que fuera inmensamente poderosa. Este poder mental es una de las bendiciones más maravillosas de nuestro Creador. Aun más: como parte de su libre albedrío, Él le ha dado poder sobre su mente. Esto no quiere decir que usted deba usar este poder, pero está disponible. Ese dominio sobre su propia vida mental puede utilizarse para maximizar las posibilidades que le otorgó Dios, o puede usarse mal, o incluso ignorarse. **La manera de pensar suya puede multiplicar o reducir sus dones o talentos.** ¿Cómo le va en esto? Hasta este punto de su vida, ¿ha sido un fiel mayordomo de su vida mental?

La Biblia nos enseña con claridad que cada uno «segará todo lo que sembrare». Eso es tan sencillo que resulta incómodo mencionarlo; sin embargo, puede ser difícil ponerlo en práctica. Primero sembramos, y después cosechamos. En ninguna parte esto es tan evidente como en nuestros pensamientos. En Gálatas 6:7 se nos dice: «No os engañéis; Dios no puede ser burlado; pues todo lo que el hombre sembrare, eso también segará». En 2 Corintios 9:6 se nos advierte que si sembramos escasamente, claro que vamos a recoger escasamente, pero si sembramos en abundancia también recogeremos en abundancia. Nuestros pensamientos, igual que nuestras acciones, tienen consecuencias.

Por mucho que lo intente, no puede pensar una cosa y sentir otra distinta. No puede tener pensamientos críticos hacia su cónyuge, aunque crea que este los merece, y cosechar una verdadera intimidad. No puede pensar de forma negativa y vivir de forma positiva, de la misma manera que no puede sembrar semillas de manzana y esperar cosechar naranjas. Si desea llevar una vida llena de gozo, una vida que cumpla el propósito de Dios para usted, debe mantener sus pensamientos fijos en las cosas de Dios.

En el capítulo 2 aprenderá cómo tener un nuevo comienzo y comenzar a cosechar el fruto del pensamiento gozoso.

Una oración por el gozo

Señor:

Gracias por toda la bondad que hay en mi vida y los grandes planes que tienes para mí, mi familia y mi futuro. Te alabo por mi mente saludable y el poder que has puesto en mis pensamientos. Gracias en especial por la libertad que me has dado para escoger mis pensamientos y así influir en mi estado mental y mis circunstancias.

Ayúdame a aceptar la responsabilidad de mis pensamientos. Guíame, minuto a minuto, a escoger pensamientos gozosos que estén en armonía con la visión que tienes para mi vida. Protégeme de buscar el gozo donde no debo, e inspírame para disfrutar del don del momento presente.

En el nombre de Jesús,

Amén

Una cosa hago...

A partir de hoy, aumento *mi potencial de gozo* al identificar por escrito una circunstancia que me gustaría mejorar y el cambio de pensamiento que debe precederle.

CAPÍTULO 2

UN NUEVO COMIENZO

Concéntrese en lo que produce gozo

Creo que la decisión de ser excelente comienza con alinear sus pensamientos y palabras con la intención de exigirse más a usted mismo.

OPRAH WINFREY

Aunque estamos en libertad de escoger en qué pensamos, a menudo nos decimos cosas destructivas que limitan, al menos de manera temporal, las cosas grandes que Dios quiere hacer a través de nosotros. Preste atención a cualquier conversación durante diez minutos y casi siempre escuchará pensamientos envenenados, lamentaciones, autocompasión, culpas, condenación y justificación. Oirá a la gente argumentar en favor de sus más caras limitaciones. Algunos insisten en que no son negativos, sino realistas, y dan una descripción sincera de sus vidas. Las justificaciones podrán ser convincentes, y la mayoría se han convertido en esquemas de discurso socialmente aceptables, pero cuando la gente viola Filipenses 4:8 las consecuencias, grandes o pequeñas, no se harán esperar.

Donde ha estado usted, lo que ha hecho y dónde está usted ahora importa mucho menos que hacia dónde va. Si usted persiste en identificarse con el desempeño actual o pasado al pensar y hablar de forma constante sobre ello, entonces donde ha estado, donde está y adonde va serán la misma cosa. Eso se aplica a su matrimonio, su carrera, su juego de golf y cualquier otra esfera de su vida.

La lista de cosas «para pensar» de Pablo

La base de este libro es el consejo del apóstol Pablo registrado en Filipenses 4:8, en el cual nos exhorta a buscar y a mantenernos pensando en lo positivo que hay en nuestra vida. Cuando buscamos los lugares en los que se revela el carácter de Dios, se nos recuerda su presencia en nuestras vidas y recibimos bendición.

Muchas personas usan listados de cosas «por hacer» para definir sus prioridades y guiarse durante el día. Es obvio que esa es una estrategia sabia, pero es aun más importante un listado de cosas «para pensar». En Filipenses 4:8, Pablo nos ha dado un *listado maestro* «para pensar», que ilustra los tipos de pensamientos que debemos tener si queremos obtener resultados positivos:

> Por lo demás, hermanos, todo lo que es verdadero, todo lo honesto, todo lo justo, todo lo puro, todo lo amable, todo lo que es de buen nombre; si hay virtud alguna, si algo digno de alabanza, en esto pensad (Filipenses 4:8).

Examine este versículo con cuidado por un momento. «Por lo demás, hermanos» es la forma bíblica de decir «En resumen, hermanos» o «Déjenme que se los diga desmenuzado». El propio hecho de que Pablo nos diga en qué debemos enfocarnos nos revela un punto crítico: Siempre tenemos una opción. Si no fuera así, este versículo sería innecesario. Si fuéramos positivos por naturaleza todo el tiempo, Pablo no recalcaría este punto de forma tan dramática. Si no pudiéramos controlar nuestra negatividad, esta enseñanza no sería realista y estaría más allá de nuestra capacidad.

Pablo nos recuerda que *tenemos una opción*. Con la ayuda de Dios podemos controlar nuestros pensamientos. Además, sus palabras nos enseñan que la opción es entre el bien y el mal, entre la excelencia y la mediocridad. La vida nunca es por completo buena ni por completo mala. **Siempre habrá cierta cantidad de chatarra y cierta cantidad de grandeza.** Su matrimonio, su salud y sus finanzas podrán estar en una condición sobresaliente, pero quizá esté enfrentando dificultades de aprendizaje con uno de sus hijos. Quizá sus hijos estén todos bien, pero su matrimonio esté en una rutina exasperante. O quizá su vida familiar sea maravillosa, pero usted esté molesto con su círculo de amigos, con su peso, su fe o la condición de su casa. Siempre tendrá algo por lo cual quejarse, y siempre tendrá algunas bendiciones que contar.

No cabe duda, la vida está llena de picos y valles. Pero incluso en los valles siempre habrá algo que esté funcionando muy bien en su vida; e incluso en los picos de las montañas todo no será perfecto. La vida es siempre una mezcla de lo bueno y lo malo.

Sea que usted prefiera contar sus bendiciones o quejarse, le será de mucha ayuda entender *que usted puede escoger*. Eso se aplica a la vida en general y también a todas las facetas de la misma.

Cuando usted se enfoca en lo bueno, no solo nota más cosas buenas, sino que *crea* más cosas buenas. Enfocarse en las cosas positivas hace que usted busque más cosas que sean positivas. Como resultado, percibe y aprecia más cosas buenas, lo cual prepara el terreno para más circunstancias positivas. Al final tendrá más gozo, más entusiasmo y más gratitud. Esta visión saca lo mejor de las demás personas y situaciones, y crea un *círculo virtuoso* (en vez de un círculo vicioso) en el cual usted de continuo encuentra y multiplica aquello que busca.

De Filipenses 4:8 aprendemos que:

- Siempre habrá alguna chatarra (algo de lo que valga la pena quejarse).
- Siempre habrá algo bueno (algo por lo cual estar agradecido).
- Podemos ejercer nuestro libre albedrío (escoger lo positivo o lo negativo).

Cuando se enfoca en lo negativo, ¿qué sucede? Repase (pero no enfatice) la siguiente lista de pensamientos contraproducentes:

Cuarenta pensamientos que producen chatarra

1. *Nunca* volveré a ser tan feliz.
2. Así es la vida.
3. Esto probablemente no resulte.
4. Si yo tuviera dinero, me preocuparía perderlo.
5. No tengo lo que se necesita.
6. Eso *siempre* sucede.
7. La luna de miel se acabó.
8. Me detesto a mí mismo.
9. Ya él no me ama.

10. No soy digno.

11. Es que no soy creativo.

12. Yo *nunca* podría hacer eso.

13. La espalda *siempre* me está doliendo.

14. Tengo que aceptar mis limitaciones.

15. *Nunca* puedo decir eso bien.

16. Eso me enferma.

17. *Nunca* me voy a acordar de su nombre.

18. No necesito esto.

19. No puedo.

20. Es que soy así.

21. Si pasa esto y lo otro, voy a ponerme *muuuy* mal.

22. Eso *nunca* va a salir bien.

23. Yo sabía que mi matrimonio no iba a funcionar.

24. No nos podemos poner de acuerdo en nada.

25. No es culpa mía.

26. Yo antes tenía mucha energía.

27. Esta es mi suerte.

28. Es que ese soy yo.

29. Nos estamos alejando.

30. Yo *siempre* tengo que sacar de mis ahorros.

31. Eso *nunca* volverá a ser lo mismo.

32. Ya no le gusto.

33. Eso está fuera de mis posibilidades monetarias. Nunca me lo podré comprar.

34. Ella no me comprende.

35. Cuando todo dice a salir mal…

36. No me queda más remedio que resignarme a eso.

37. Nunca me ocurre *nada* bueno.

38. Todo lo que como se me va a la cintura.

39. *Nadie* quiere pagarme lo que valgo.
40. No tiene remedio.

¿Alguna vez se ha dicho esas cosas o ha oído a alguien decirlas? Puede que no hayan sido las palabras exactas, pero algo parecido, quizá más directo que lo que yo he enumerado. Cuando usted tiene pensamientos descuidados, puede estar seguro de que se perderá muchas de las bendiciones que Dios tiene guardadas para usted.

42 Por suerte, usted no está limitado a pensar de una sola manera. Puede escoger entre una cantidad infinita de pensamientos. Como su pensamiento no es perfecto, puede siempre mejorarlo cuando usted se proponga que así sea. Recuerde: **cada momento es un nuevo comienzo.** Su futuro no lo define su pasado. Sus pensamientos pueden cambiar, y en consecuencia, su vida futura puede ser bien diferente. El pensamiento negativo le corrompe el cerebro y le produce estados mentales perniciosos como ansiedad, melancolía, depresión e irritabilidad. A menos que entrene su mente de manera constructiva, su pensamiento se volverá automático, compulsivo y con frecuencia erróneo. Sus pensamientos a menudo representan mal la realidad al *torcer, distorsionar, eliminar, exagerar o manipular* de cualquier otra forma la verdad. Estos conceptos los examinaremos con detenimiento en el capítulo 6.

De hecho, la mayor parte del pensamiento negativo es solo un bulto de mentiras que no pueden ser fundamentadas y por supuesto que no podrían resistir un vigoroso contrainterrogatorio. Cuando usted tiene un pensamiento limitante y no lo cuestiona, su mente se lo cree. Para contrarrestar esto recuérdese que los pensamientos negativos no proceden de Dios. Él es positivo para cualquier cosa menos el pecado. Si un pensamiento le produce preocupación, temor o fatiga, no es de Dios. Después de todo, la Biblia nos dice que «No nos ha dado Dios espíritu de cobardía, sino de poder, de amor y de dominio propio» (2 Timoteo 1:7). Si un pensamiento lo lleva a sentirse como una víctima en vez de un vencedor, no es de Dios. Pablo también nos dice: «Gracias sean dadas a Dios, que nos da la victoria por medio de nuestro Señor Jesucristo» (1 Corintios 15:57). Aunque estamos diseñados para tener éxito, es muy fácil programarse inadvertidamente para la mediocridad si no pensamos en cosas positivas, dirigidas a un objetivo. El pensamiento productivo y el destructivo son puros hábitos.

Compare la lista de pensamientos productores de gozo que se relacionan debajo con la lista anterior de pensamientos contraproducentes. Mientras tenga la posibilidad de escoger, ¿por qué no ejercita su libre albedrío y escoge los pensamientos superiores? Revíselos y vea si está de acuerdo conmigo.

Cuarenta pensamientos que producen gozo

1. ¡Yo espero lo mejor, y se produce!
2. Confío en Dios; mi fe es fuerte.
3. Soy responsable.
4. Emprendo acciones deliberadas para alcanzar mis metas.
5. Ahora acepto lo mejor que la vida ofrece.
6. ¡Soy una nueva criatura en Cristo!
7. Mi metabolismo funciona con efectividad.
8. Me mantengo delgado aunque envejezca.

9. Creo en un resultado perfecto de cada reto que viene a mi vida.

10. Ya veré cómo me gano ese dinero.

11. Estoy saludable y fuerte.

12. ¡Tengo una energía ilimitada!

13. Me rodeo de vencedores.

14. Tendré abundancia ahora y siempre.

15. ¡Dios tiene grandes planes para mí!

16. Estoy agradecido por mi fe inconmovible.

17. Todo lo que necesito lo tengo.

18. Mi cerebro funciona a las mil maravillas.

19. Con Dios, mi futuro sigue mejorando.

20. Mi mente está clara y fresca.

21. Cambio lo que tengo que cambiar.

22. Me rindo y dejo a Dios obrar.

23. Estoy progresando.

24. Yo controlo mis pensamientos.

25. Soy transformado por la renovación de mi entendimiento

26. Oro por los demás.

27. Con Cristo, nada me detendrá.

28. Puedo mejorar esta situación.

29. Pido y recibo.

30. Aprendo con facilidad las Escrituras.

31. Estoy rebosante de gozo.

32. Estoy listo para salir adelante.

33. Mi matrimonio se fortalece más cada día.

34. Yo actúo acorde con mi fe.

35. Soy atrevido.

36. Soy agradable.

37. Pienso en lo que es bueno, justo y agradable.
38. Estoy aprendiendo mucho por medio de esta experiencia.
39. Mi estilo de vida revela una fe inconmovible.
40. Rindo mi ser y mi futuro a Dios y confío en Él.

¿Quiere un futuro que sea mejor que su presente? No importa lo bendecido que se sienta en este momento, confío que de todas formas haya respondido con un *¡sí!* entusiasta. Creo que Dios tiene planes tremendos para usted. Puede que yo todavía no lo conozca en persona, pero creo que Dios desea hacer cosas emocionantes por medio de todos sus hijos, y eso lo incluye a usted.

Si está de acuerdo conmigo hasta aquí, permítame ser su entrenador por un momento. Indague un poco más, usando estas preguntas de seguimiento:

- ¿Le gustaría crecer en la fe?
- ¿Le gustaría superar un quebranto en particular?
- ¿Quisiera romper con alguna monotonía?
- ¿Quisiera ganar en intimidad con su cónyuge?
- ¿Le gustaría desarrollar un carácter como el de Cristo?
- ¿Le gustaría ejercer una mayor influencia en la vida de sus hijos?
- ¿Aspira a un nivel más alto de energía física y vitalidad?
- ¿Le gustaría tener más estabilidad emocional?
- ¿Le gustaría tener una situación financiera mejor?
- ¿Le gustaría superar un hábito negativo específico?

- ¿Le gustaría tener mayor influencia en su negocio o comunidad?
- ¿Le gustaría estar lleno de gozo?

Me imagino que ha respondido que sí a la mayoría de las preguntas anteriores. Todos nosotros queremos llevar una vida más profunda, más intensa, más llena de significado. Pero ¿cómo alcanzamos esa meta? Y ¿qué tiene que ver nuestro pensamiento con eso?

El Principio 4:8

Si quiere que su futuro sea distinto a su presente, *El Principio 4:8* fue escrito con usted en mente. Si quiere que su futuro sea un poquito mejor que su vida actual, necesitará cambiar su pensamiento solo un poquito. **Si desea un futuro que sea mucho mejor que su presente, necesitará cambiar mucho su manera de pensar.** Quizá usted desee un ligero cambio en sus finanzas y un gran cambio en su matrimonio. Es posible que desee mejorar un poco su condición física, pero quiere estar mucho más cerca de Dios. Cualquier mejoría que esté buscando tiene que comenzar por sus pensamientos.

> Usted nunca invitaría a un ladrón a su casa. Entonces ¿por qué permitir que pensamientos que le privan del gozo se establezcan en su mente?

Basado en Filipenses 4:8, el Principio 4:8 dice que **cualquier cosa a la que le dedica su atención se amplía en su experiencia.**

Piense en lo que sucede en un teatro o estadio si se enciende un reflector. Su atención se vuelve a lo que esté bajo la luz. Al prestarle atención a la zona iluminada, dejará de atender a lo que quedó en la oscuridad. La última vez que llevamos a nuestros hijos al circo presencié esto de primera mano. Cuando el proyector lo dirigían a uno o dos de los tres escenarios, el «escenario que no estaba en uso» quedaba en completa oscuridad. Tenía que aguzar la vista, pero si miraba con detenimiento al redondel que estaba oscuro, podía ver a los tramoyistas, vestidos de negro, que se preparaban para el siguiente número. Igual que el acto del circo, usted siempre tendrá un cierto grado de oscuridad en su vida, pero podrá escoger adónde dirigir su proyector. Recuerde: cualquier cosa que no esté bajo la luz tendrá mucho menos importancia.

Permanecer en algo significa:

- Pensar profundamente.
- Repasar.
- Volver a vivirlo
- Meditar.
- Rumiar eso.
- Hablar de eso.

Esta es la esencia del Principio 4:8: **Si usted se concentra en sus fuerzas, sus bendiciones, sus objetivos y en todas las personas que le aman, atraerá aun más bendiciones, aun más amor y aun más realizaciones.** ¡Todo lo que necesita para estar lleno de gozo ya lo tiene!

Por otro lado, usted tenderá a concentrarse en aquello que teme o en lo que más lo emociona. A falta de una visión clara y motivadora, usted y yo seremos más proclives a caer en pensamientos de temor y a alejarnos del Pensamiento 4:8. Usted puede construir cualquier virtud en su mente si se concentra en esa virtud todos los días. Por ejemplo, si necesita desarrollar la paciencia, medite en la paciencia cada día y visualice sus respuestas pacientes ante las situaciones que se le presenten. Cualquier cosa a la que le dirija su atención tendrá preponderancia en su conciencia.

Como nadie puede pensar por usted, esa será su responsabilidad. El Principio 4:8 trata de optimizar lo que está bajo su control. Hasta que usted no determine en qué va a pensar, no va a comprender por completo la plenitud del gozo que Dios quiere para usted.

¿Puede imaginarse el consejo de Pablo al revés? Podría haber sido como sigue:

Mientras más frecuente piense en algo, más fuerte será la presión que ejercerá en usted, en las decisiones que tome y en las acciones que emprenda.

Finalmente, amigos, todo lo que sea falso, deshonesto, injusto, impuro, feo, negativo, malvado o digno de ser criticado, en esto pensad.

No es precisamente el tipo de consejo que a usted le gustaría pasar a sus hijos, ¿verdad? Puede que se ría al leerlo, pero hay unas cuantas personas que le hacen caso a esa falsificación en vez de al consejo verdadero. Recuerde que concentrarse en sus problemas no los resuelve; lo que hace es convertirlo en un experto en ellos. Debido a nuestra naturaleza humana, **vivimos en una sociedad dada a resaltar lo que está mal en casi todo.** Esto está tan difundido que la mayoría de la gente apenas se da cuenta. Las buenas noticias no salen en primera plana. Una probabilidad de 70% de sol se dice un 30% de probabilidades de lluvia. Puede que se derroque una dictadura, pero lo más probable es que la ausencia de una paz perfecta sea el tema de la noticia. Unas elecciones sin precedentes ocurren en Afganistán, y los periódicos de todo el mundo ponen en los titulares «Posible fraude electoral».

Las personas que asisten a la iglesia salen del culto del domingo por la mañana como si fueran críticos de Broadway, discutiendo lo que les gustó y lo que no les gustó del sermón, en vez de pensar en lo que Dios les quiso decir por medio de ese mensaje. Los niños llevan a casa los boletines de notas con algunos sobresalientes, algunos notables y un aprobado, y los padres chacharean sobre el aprobado como si no existieran las notas más altas. Si usted se lo propone, será posible encontrar defectos en casi todo y en casi todos.

49

Dirija su reflector

La vasta mayoría de la gente aspira a una vida mejor de una manera u otra, pero le cuesta llegar de donde están ahora a donde quieren estar. Permítame ponerle unos pocos ejemplos: Jim quiere ganar más dinero para mejorar la situación económica de su familia, pero sigue pensando en su trabajo como una carga. En vez de practicar el Pensamiento 4:8 y usar su tiempo libre para hacerse más valioso en su trabajo, lo desperdicia quejándose de su sueldo inadecuado. En secreto piensa: *Cuando me empiecen a pagar más, empezaré a ser más valioso.* Jim está dirigiendo su reflector hacia donde no debe.

Susan quiere tener una relación más estrecha con su marido Chris, pero todo el tiempo se lo pasa repitiéndose las razones por las cuales lo más probable es que eso nunca suceda. En vez de esperar lo mejor de su matrimonio y hacer planes al respecto, se está resignando y llevando su mente a un futuro de desencanto. Susan también está enfocando su reflector donde no debe.

> Así brille vuestra luz delante de los hombres, para que vean vuestras buenas obras y glorifiquen a vuestro Padre que está en los cielos.
>
> MATEO 5:16

¿Y qué de usted? ¿Hay algún aspecto de su vida en la cual se halle con el proyector enfocado hacia donde no debe hacerlo?

Cuando usted active el Principio 4:8 en su vida, comenzará a ver oportunidades donde antes nada más que había obstáculos. No quiere decir que las dificultades hayan desaparecido, sino que su atención está puesta en la solución. El Principio 4:8 lo exhorta a lidiar con los contratiempos inevitables y las penas de la vida desde una perspectiva positiva y de largo alcance que le permita afrontarlos de forma efectiva. En lugar de repetirse sus problemas, el Principio 4:8 le aconseja concentrarse en *la solución* de los problemas.

En su crecimiento personal, sus pensamientos lo guiarán por una senda de consolación o de forja del carácter. En su matrimonio, sus pensamientos determinarán si hará salir lo mejor o lo peor de su cónyuge. Como padre, sus pensamientos acerca de sus hijos y su futuro ampliarán su potencial o lo ahogarán. En su caminar espiritual tendrá una experiencia profunda o superficial con Dios, en dependencia de sus pensamientos. En su negocio prosperará solo hasta el límite que le impongan sus pensamientos. Le aseguro que sus únicas limitaciones son las que usted cree que tiene.

En la medida en que incorpore el Principio 4:8 a su vida cotidiana, estará más aguzado en sus pensamientos y se dará cuenta de cuánta energía productiva se derrocha con esquemas mentales dispersos e inconscientes. Notará cómo los hábitos mentales torpes bien arraigados tienden a desviarle, de una marcha hacia delante, hacia una marcha atrás durante todo el día, lo que resulta en que haya muy poco progreso.

Cuando ponga sus pensamientos en el dominio de su control consciente y creativo, descubrirá con rapidez la enorme ventaja que tendrá para esculpir las condiciones de su vida. En los siguientes capítulos le mostraré con exactitud cómo liberar el poder del Principio 4.8 en una base cotidiana. Por ahora, sin embargo, quiero hablarle del método más sencillo de redirigir sus pensamientos hacia lo que es digno de alabanza, constructivo y productor de gozo.

Formule Preguntas 4:8

La técnica más efectiva para implantar el hábito del Pensamiento 4:8 es desarrollar el hábito de preguntar, repreguntar y luego responder Preguntas 4:8. **Una Pregunta 4:8 es una pregunta acerca de su vida que provoca una respuesta positiva.** Le daré Preguntas 4.8 adicionales a lo largo de los próximos capítulos, pero he aquí cinco ejemplos que le ayudarán a captar la idea:

- ¿Cuáles son cinco cosas por las que debo estar agradecido ahora mismo?

- ¿Cuáles son cinco de mis aptitudes o rasgos positivos?
- ¿Cuáles han sido cinco de mis mayores logros hasta ahora?
- ¿Quiénes son las cinco personas que más me quieren?
- ¿Qué cinco cosas estoy esperando para los próximos siete días?

Cada una de las preguntas anteriores demanda una respuesta positiva y al pedir cinco respuestas para cada una, le estoy compulsando a *permanecer* en lo positivo. Es importante darse cuenta de que el daño no lo causa el pensamiento negativo fugaz, sino el pensamiento negativo que monta campamento en su mente. Después de todo usted no puede controlar por completo los pensamientos que su entorno desata, pero **puede controlar, sin lugar a dudas, aquello en lo que prefiere permanecer.**

Imagínese una chispa de una fogata que sale volando y le cae en el suéter. Si la sacude rápido, no le causará daño. Lo mismo ocurre con los pensamientos negativos. Aprenda a reconocerlos y a desecharlos sin mucha fanfarria.

Las Preguntas 4:8 son una herramienta sencilla para desplazar la negatividad a corto plazo y ayudarlo a tomar el control consciente de sus pensamientos reiterados[1]. Estas preguntas después dirigirán sus pensamientos hacia las mejores cosas de su vida.

---

[1] Para pedir un juego gratis de cuatro marcadores con las Preguntas 4:8 en inglés, visite www.tommynewbery.com y se los enviaremos para que los use y comparta con sus amigos. Se incluye también una versión especial para niños.

Waldenbooks retail store of merchandise purchased from Borders.com may be permitted in certain circumstances. See Borders.com for details.

BORDERS
BOOKS MUSIC AND CAFE
5061 Westheimer Road, Suite 8020
Houston, TX 77056
713-960-0619

BORDERS.

Returns

Returns of merchandise purchased from a Borders, Borders Express or Waldenbooks retail store will be permitted only if presented in saleable condition accompanied by the original sales receipt or Borders gift receipt within the time periods specified below. Returns accompanied by the original sales receipt must be made within 30 days of purchase and the purchase price will be refunded in the same form as the original purchase. Returns accompanied by the original Borders gift receipt must be made within 60 days of purchase and the purchase price will be refunded in the form of a return gift card.

Exchanges of opened audio books, music, videos, video games, software and electronics will be permitted subject to the same time periods and receipt requirements as above and can be made for the same item only.

Periodicals, newspapers, comic books, food and drink, digital downloads, gift cards, return gift cards, items marked "non-returnable," "final sale" or the like and out-of-print, collectible or pre-owned items cannot be returned or exchanged.

Returns and exchanges to a Borders, Borders Express or Waldenbooks retail store of merchandise purchased from Borders.com may be permitted

See Borders.com for details.

BORDERS
BOOKS MUSIC AND CAFE
5061 Westheimer Road, Suite 8020
Houston, TX 77056
713-960-0619

SALE   06/20/2009 EMP: 00094
STORE: 0449   REG: 04/30 TRAN#: 2540

COMO CURA EL LIMON
937580 9   QP T   7.99
COMO APROVECHAR EL TIEMPO MANA
944885 5   QP T   8.99
TECNICAS TERAPEUTICAS DE LA OR
951277 1   QP T   9.95
PRINCIPIO 4:8
975614 7   QP T   11.99
10000 DREAMS INTERPRETED
626966 9   CL T   10.99

Subtotal   49.91
BR: 888495620 5   S

Subtotal   49.91
TEXAS 8.25%   4.12
5 Items   Total   54.03
CASH   60.00
Cash Change Due   5.97

06/20/2009 03:29PM

Preguntas 4:8 = Pensamientos 4:8
= Vida llena de gozo

Encontrará que las Preguntas 4:8 cambiarán al instante el foco de sus ideas. En consecuencia, afectarán su manera de sentirse, y su nivel de creatividad, emoción y gozo en cualquier momento dado.

Para hacer que esas preguntas trabajen para usted, coloque una copia donde pueda verla a menudo, como por ejemplo en el espejo del baño, una mesa de noche, la pantalla de su computadora, el refrigerador o el volante de su auto. Podría preparar un protector de pantalla que contenga sus Preguntas 4:8 o pegarlas en su estera o bicicleta de ejercicios. El asunto aquí es mantenerlas en «el tope de la mente» lo más que se pueda durante todo el día. Yo comienzo la mayoría de mis talleres con Preguntas 4:8 similares a las que aparecen en la página 52. Le recomiendo que también comience su día con esas preguntas. Yo respondo esas preguntas cada mañana en la ducha; no me ocupan tiempo extra. Uno de mis clientes practica responder esas preguntas a la hora de almuerzo antes de dar las gracias. Otros miembros del Club 1% repasan esas Preguntas 4:8 cuando se van a dormir.

Preguntas anti-4:8

Como alternativa, usted tiene la libertad de preguntarse cosas como las siguientes, pero, como dice mi hijo: «¿Para qué rayos hacerlo?».

- ¿Cuáles son las cinco cosas que hacen mi vida miserable en estos momentos?

- ¿Cuáles son mis cinco debilidades más perjudiciales?
- ¿Cuáles han sido mis cinco errores o disparates más recientes?
- ¿Cuáles son las cinco personas a las que les gustaría de verdad verme sufrir o fracasar?
- ¿Cuáles son las cinco cosas inevitables en los siguientes siete días que me horrorizan?

Es muy común minimizar lo que funciona bien y exagerar lo que no funciona. La parte negativa de la naturaleza humana nos inclina a acentuar lo que falta y minimizar lo que está disponible. Es fácil consumirse con los obstáculos y olvidar las metas. Es muy fácil albergar pensamientos hostiles y turbulentos sobre el futuro y pasar por alto el don del presente. Pero cuando uno practica de forma activa el Principio 4:8, su reflector resaltará los aspectos positivos de su pasado, presente y futuro. El efecto acumulativo de esta nueva mentalidad le emocionará a usted y a los que le rodean.

Puede que se pregunte si hay un momento para ser negativo. La respuesta es un contundente sí. ¡Y ese momento es antes que usted lea este libro! Si tiene *El Principio 4:8* como guía, estará listo para cerrar la puerta a la negatividad y decir adiós a los pensamientos nocivos y limitantes de una vez por todas.

Una oración por un nuevo comienzo

Amado Padre celestial:

Gracias por los nuevos comienzos. Inspírame hoy una nueva dosis de tu Santo Espíritu y llename de pensamientos que fortalezcan mi carácter y me hagan crecer por completo hasta la imagen que concebiste para mí cuando me trajiste a este mundo. Ayúdame a ocupar mi mente con pensamientos puros, verdaderos, amables y dignos de alabanza. Aumenta mi conciencia, de modo que mis pensamientos no me lleven de manera inconsciente a los esquemas negativos, limitantes y contraproducentes que atrapan a tantos.

Protégeme de la tentación de quejarme, condenar o enfocarme en lo que tienen de malo las cosas. En su lugar, eleva mi pensamiento y abre mis ojos para que pueda ver tu presencia en todas las situaciones. Quiero agradecer la abundancia que me rodea y activar el gozo que está oculto dentro de mí.

En el nombre de Jesús,

Amén

> ### Una cosa hago...
> A partir de hoy aumento mi potencial para el gozo al preguntarme y responder las Preguntas 4:8 (relacionadas en las páginas 53-54) cuando me levante en la mañana y antes de dormirme en la noche.

LOS ELEFANTES DE CIRCO

Cuando yo era niño, uno de mis entrenadores me contó una historia sobre los elefantes de circo. Cuando esos elefantes son todavía pequeños y débiles, los encadenan a estacas de hierro clavadas en la tierra, que les impiden liberarse y escapar. Eso les permite a los domadores mantenerlos cerca, trabajar con ellos y prepararlos para sus números. Lo extraño es que, incluso después que los elefantitos crecen y se convierten en animales enormes y potentes, capaces de levantar una tonelada o más con sus trompas, siguen restringidos por las mismas estacas de tamaño miniatura clavadas en el suelo. Incluso cuando ya tienen más que suficiente fuerzas para sacar la estaca del suelo y correr libres, no lo hacen. Ni siquiera lo intentan. Siguen limitados por las viejas restricciones.

A veces nosotros también demostramos esta clase de indefensión. Los concentramos en la pequeña estaca (o error) de nuestro pasado y olvidamos que, con la ayuda de Dios, tenemos el poder para liberarnos de cualquier cosa que nos haya estado reteniendo.

CAPÍTULO 3

¡VAYA, ESE SOY YO!
Asuma la identidad que Dios le dio

Cierro los ojos para ver.
PAUL GAUGUIN

Todas las noches, al acostar a mis hijos mayores, le recuerdo a cada uno que es un hermoso y maravilloso hijo de Dios. He hecho esto desde que los mecía para dormirlos en sus cunas. No pasó mucho tiempo antes que ellos completaran esas palabras que significaban tanto para mí. Yo decía: «Tú eres un hermoso...» y ellos me interrumpían orgullosos y añadían: «...y maravilloso hijo de Dios». Incluso cuando estaba de viaje, siempre que podía llamaba a la hora de dormir y repetía ese ritual con ellos. Al poco tiempo añadimos a la lista de declaraciones positivas nocturnas lo siguiente:

- Mamá y Papá los amarán siempre, sin importar nada.
- Ustedes aman a Dios más que a nada en el mundo entero.
- Ustedes respetan y obedecen a su padre y a su madre.
- Ustedes piensan por ustedes mismos.
- Ustedes toman decisiones prudentes.
- Las acciones tienen consecuencias.
- Ustedes tienen coraje.

Mis primeras palabras a mi hijo menor, Brooks, fueron: «¡Eres un hermoso y maravilloso hijo de Dios! ¡Bienvenido al mundo!».

A mis muchachos les he dicho: «Eres un hermoso y maravilloso hijo de Dios» tantas veces, que a veces lo repiten en sus sueños. ¿Es difícil de creer? No se sienta mal, mi esposa tampoco me creyó cuando se lo dije la primera vez. Una noche en que llegué tarde, hallé que mi hijo mayor, que tenía cuatro años en ese momento, ya estaba dormido. Como siempre he sentido curiosidad por el subconsciente, quise hacer un experimento. Me incliné sobre la oreja de Ty y le susurré: «Eres un hermoso y maravilloso...». Sin abrir los ojos ni darse cuenta de mi presencia, él prosiguió: «...hijo de Dios». Casi me caigo, pero no pude resistir probar de nuevo. Esta vez me detuve después de decir: «Eres un...» y él al instante susurró en respuesta: «...hermoso y maravilloso hijo de Dios».

Aquello no me era suficiente. ¡Necesitaba un testigo! Corrí a nuestro dormitorio y le pedí a Kristin que fuera a ver ella misma. A pesar de que era un poco escéptica, fue al cuarto de Ty conmigo. Mientras Kristin observaba, empecé con «Tú eres un hermoso...». Me detuve y esperé que él terminara, pero nada ocurrió. Ni un sonido. Lo intenté de nuevo, pero aun así, no reaccionó. Ya yo empezaba a creer que me iba a sentir como en el «síndrome del reparador», el del técnico que se aparece para arreglar un equipo y entonces este empieza a funcionar (hasta que se marcha). Menos mal que en mi tercer intento Ty se comportó como lo había hecho antes. Para sorpresa de su madre, afirmó una vez más, mientras dormía, que él era de veras un hermoso y maravilloso hijo de Dios.

58

El apóstol Juan confirma esta verdad cuando escribe: «Mirad cuál amor nos ha dado el Padre, para que seamos llamados hijos de Dios» (1 Juan 3:1). Somos hijos de Dios, pero no siempre nos vemos de esa manera. Su concepto de sí mismo tiene que ver con la manera en que uno acostumbra a pensar en sí mismo y lo mismo aumenta que restringe sus posibilidades de gozo.

Como recalqué en el capítulo 1, cuando uno cambia su enfoque, poco después sus circunstancias cambian; si asumimos, por supuesto, que uno retiene su nueva manera de pensar. (Esperar que las circunstancias cambien nada más que como resultado de una mejoría temporal de su manera de pensar es como si un granjero esperara recoger una cosecha que sembró apenas una semana antes.) Eso por lo general no ocurre de la noche a la mañana, pero sucede mucho antes de lo que usted cree.

59

Con cada semilla de pensamiento, su concepto de sí mismo se mueve hacia un potencial mayor o se aleja de él. Cuando ajuste su manera de pensar para que se conforme a Filipenses 4:8, empezará de manera natural a verse y a ver a los demás con mucho mayor respeto. ¿Por qué? Porque se concentrará en los rasgos positivos de la gente en vez de concentrarse en los negativos.

Demasiada gente se resigna a llevar vidas muy por debajo de lo que Dios les destinó. No se ven como dignos. Para algunos, esa inseguridad se puede manifestar en su matrimonio; para otros, en sus finanzas; y para unos terceros, en su vida en general. Como resultado, en vez de obrar para crecer y avanzar, se contentan con un enfoque de la vida de «ir tirando a duras penas; hacer una mueca y soportarlo».

¡No quiero eso para usted! En este capítulo aprenderá el poder que tiene el concepto de sí mismo para ayudarle a vivir una vida llena de gozo.

¡Usted es una obra maestra de Dios!

¿Se ve como un hijo del Dios Todopoderoso? **Recuerde *de quién es usted*.** Usted es una obra de arte original. De hecho, la Biblia se expresa así al describirnos: «Porque somos hechura suya, creados en Cristo Jesús para buenas obras, las cuales Dios preparó de antemano para que anduviéramos en ellas» (Efesios 2:10). Nunca ha habido ni nunca habrá nadie como usted, ni Dios ha hecho a nadie en todo el mundo de una arcilla mejor que la que usó para hacerlo a usted. Su vida aquí en la tierra es su oportunidad especial e irrepetible de cumplir la visión de Dios y magnificar el gozo que Él ha puesto dentro de usted. Reconozca que su verdadero yo no son su carne y sus huesos. Usted es un ser espiritual que vive una experiencia humana temporal, un ensayo general para la eternidad. ¿Por qué no se ve tan lleno de gozo como Dios lo creó? Recuerde que el gozo es un signo exterior de fe en las promesas de Dios. Por tanto, al incrementar el gozo que Dios le ha dado, usted también exhibe su fe ante los demás y los alienta.

Cualquier progreso permanente en la vida comienza por el interior y se propaga al exterior. Cualquier intento de mejoría que empiece por fuera, a la larga está condenado al fracaso. ¿Por qué? Porque todo cambio perdurable comienza por cambios en las imágenes mentales que uno tiene en la cabeza. Al final estas se proyectan al exterior y crean cambios permanentes en sus circunstancias. Esto es parte del diseño perfecto de Dios.

Mucho desaliento y fracaso se producen como resultado de aferrarnos a los fallos de nuestra naturaleza humana. Un concepto mediocre *de uno mismo* no procede de Dios, sino de las manchas del mundo. Viene de vernos de manera distinta a como Dios nos ve. Es el resultado de seguir identificándose con cosas que no han dado resultado. Procede de seguir pensando que somos indignos, como si hubiéramos olvidado la sangre de Jesucristo que nos limpia y nos purifica. *Esto ciertamente viola el Principio 4:8.*

Cuando usted se recuerda su verdadera identidad, verá que será mucho más fácil vivir de acuerdo con Filipenses 4:8 y dejar fuera la basura que le priva del gozo. De igual manera, si practica el Principio 4:8, le será mucho más fácil aceptarse como hijo del Rey. Cuando se vea como un hijo de Dios, no aceptará restricciones artificiales de la cantidad de gozo ni del nivel de impacto que puede tener en este mundo. Esto es fundamental, porque la manera en que usted se ve le pondrá límites a lo que Dios puede hacer con usted. Cuando se vea caído y derrotado, le aseguro que así va a estar. Este enfoque lamentable no le hace ningún bien en lo personal y solo sirve para minimizar su contribución al mundo. Pero **si decide verse como más que vencedor por medio de Cristo (vea Romanos 8:37), le aseguro que ascenderá hasta ese nivel.**

Decidir el valor que usted va a darse es otra decisión clave que tiene que hacer. Mucha gente permite que esa decisión la tomen otros (los libros, los medios de prensa u otras personas, por ejemplo) debido a la posición predominante que tienen, y esto lo discutiremos en los capítulos 7 y 8. Cuando usted considera lo que hay en juego, ese enfoque se parece mucho a una jugada. ¿Por qué no estar de acuerdo con su Creador y mirarse a través de los ojos divinos?

Nunca podrá crecer más allá de su concepto de sí mismo; solo podrá reemplazarlo. Cuando lo haga, sus posibilidades de gozo serán ilimitadas y ¡su vida nunca más será la misma!

Comprenda su «programa de gozo»

Su cerebro funciona, en muchos aspectos, como una computadora. Cuando uno recibe una entrada positiva o negativa sobre sí mismo, la guarda en la mente subconsciente y más tarde expresa esos mensajes en sus sentimientos y comportamientos. La manera en que uno perciba y ordene esas entradas ejercerá una gran influencia en la forma en que interactúe con los demás. A menos que se le enseñe a rechazar los mensajes negativos, tenderá a aceptarlos como verdad. Como dije antes, la mayoría de la gente nunca desafía su propia manera de pensar. En vez de eso, reaccionan ante los pensamientos negativos como si procedieran de Dios, cuando en realidad pueden ser erróneos, irracionales o distorsionados. Aceptar esos pensamientos tal y como vienen conduce a un comportamiento arraigado en el error. Como por lo general no se nos enseña a cuestionar la validez del concepto que tenemos de nosotros mismos, nos comportamos como si fueran ciertos.

Debido a la correlación obvia entre el cerebro y una computadora, he encontrado que es útil para mis clientes discutir el *concepto de sí mismos* en términos familiares de computación. Así, por ejemplo, si su cerebro es la computadora misma, se deduce que su mente (o sus patrones de pensamiento) son el programa. Si puede entender sus patrones de pensamiento, también podrá aprender a perfeccionarlos para que sean cada vez más efectivos. Voy a darle la comprensión y las herramientas para renovar su programa mental con una nueva versión y más allá, lo que le permitirá experimentar más gozo e influir de forma positiva en más personas.

Su concepto de sí mismo es, en pocas palabras, la impresión que tiene de usted mismo como ser humano. Aunque es sobre todo una estructura mental subconsciente, ejerce una influencia muy real en lo que usted llegará a ser en el transcurso de su vida. Su concepto de usted mismo es su combinación característica de convicciones, presunciones, recuerdos, sentimientos y sueños del futuro que están atados juntos para componer la imagen que usted tiene de usted mismo. Si usted llega a estar consciente del concepto que tiene de usted mismo, podrá refinarlo para su provecho y acceder a un mayor potencial propio. Si no está consciente de él, como la mayoría de la gente, lo más probable es que obre para perjuicio suyo y disminuya su capacidad de crecimiento, contribución y gozo.

63

El poder del concepto propio se encuentra en dos pasajes de la Escritura. Uno está en Proverbios 27:19, donde Salomón dice: «Como en el agua el rostro corresponde al rostro, así el corazón del hombre al del hombre». El segundo es Mateo 7:20, donde Jesús dice: «Así que, por sus frutos los conoceréis». Esos versículos muestran con claridad que lo que usted observa en su propia vida no es más que un reflejo de lo que está sucediendo en su programa mental. Lo que hacemos en el exterior refleja lo que somos en realidad y lo que estamos pensando en el interior.

La noticia más importante que le puedo dar acerca de su concepto propio es que usted no nació con él. Lo ha adquirido a medida que avanza por la vida, y eso significa que puede cambiarlo si lo desea y si aprende a hacerlo. No puedo hacer que desee mejorarlo, pero le puedo enseñar cómo.

Una imagen dentro de otra

¿Tiene una función PiP en su televisor? Esta es la función de «imagen dentro de la imagen» que le permite ver dos programas al mismo tiempo. Yo supongo que eso sea para personas que no puedan sentirse satisfechas con un solo programa a la vez. La función crea una imagen pequeña en la esquina superior derecha de su pantalla, lo que le permite ver un programa en otro canal mientras mira el programa o juego primario en la pantalla principal. En un inicio esta función estuvo destinada a los fanáticos del fútbol que deseaban llevar un seguimiento de un segundo partido. Ahora, en nuestra era digital, sirve para todo tipo de necesidades «críticas» de la TV.

Traslade esta imagen de TV a su mente. El concepto que tiene de usted mismo tiene muchas semejanzas con esa función PiP. Consta de tres elementos, los cuales operan detrás de la escena, a un nivel subconsciente. El primero es su *autoideal*, o *imagen futura*, que es la visión perfecta que tiene de usted mismo y que espera alcanzar en un punto distante de su vida. El siguiente es su *autoimagen* o *imagen actual*, que es como se ve hoy en día. Por último, existe su *autovaloración*, que es la reputación privada que tiene usted de sí. Su imagen futura es como ese partido que está mirando en la esquina de la pantalla, la imagen dentro de la imagen. Le presta muy poca atención. Su imagen presente es el partido que se desarrolla ahora, el programa que abarca casi toda la pantalla. Su autoimagen predetermina qué canales o programas usted se permite mirar.

Mientras el partido actual se mantenga interesante, seguirá mirándolo. Si el juego de la esquina superior derecha no es mejor o es menos emocionante que el que está mirando ahora, seguirá mirando este último por tiempo indefinido. Esa molesta imagen pequeña nunca la ampliará. Pero si el partido de la esquina empieza a ponerse bueno de verdad, usted hará clic en el control remoto para hacer que ese cuadro ocupe toda la pantalla.

Una razón fundamental por la que mucha gente vive bien por debajo de sus posibilidades de gozo es que hay muy poca diferencia entre los dos «partidos» de la pantalla de su concepto propio. No hay una diferencia sustancial entre su autoimagen actual y la visión que tiene de su futuro. ¡Ese no debería ser el caso! Como hijo de Dios, el futuro que Él le ha planificado es un verdadero ¡Hurra!: «Porque

65

Su autoconcepto tiene tres aspectos:

1. Autoideal
2. Autoimagen
3. Autovaloración

yo sé los pensamientos que tengo acerca de vosotros, dice Jehová, pensamientos de paz, y no de mal, para daros el fin que esperáis» (Jeremías 29:11).

Su imagen futura es emocionante; puede contar con eso. Pero tiene que poner de su parte. Tiene la responsabilidad de pedir la visión. Después tiene que pulir esa visión para hacerla tan irresistible que usted se impaciente por apretar el botón del control remoto y llenar toda la pantalla con «el otro partido». Si no tiene una visión clara, su potencial de gozo se puede desintegrar con rapidez.

Su imagen futura es su mejor variante. Es el futuro usted, perfeccionado y mejor que nunca. Cuando esta visión de futuro es de inspiración divina, lo llevará por encima, alrededor o a través de cualquier muralla de comodidad o de miedo que pueda estar obstruyendo de forma temporal su camino.

Echemos un vistazo a los tres componentes del concepto que tiene de sí mismo de una manera un poco más detallada.

Su autoideal

Otra vez, el primer elemento de su concepto de usted mismo lo llamamos su *autoideal*, que es la imagen futura que usted tiene de usted mismo. Es su variante mejor de la persona que puede llegar a ser. No tiene que ser acertada; más bien refleja lo que usted *cree* que es lo máximo que puede llegar a ser y a hacer. Es lo que usted considera ahora que será su mejor futuro. Su autoideal es cómo resultaría su vida si todo le fuera perfecto. Es una mezcla de todas sus metas, sueños, aspiraciones y modelos a imitar combinados para formar una visión singular, que como mejor se describe es como su mejor futuro.

Aunque todo el mundo tiene un autoideal, solo unos pocos tienen consciencia del mismo. El autoideal provee retroalimentación para usted a medida que viaja por la vida. **Como un sistema de posición global [GPS], su autoideal lo insta de forma inconsciente a «girar aquí, girar allá» mientras se encamina hacia su destino.** Como su autoideal unifica sus experiencias pasadas con sus esperanzas, puede servir para restringirle. Igual que los elefantes de circo, usted puede estar encadenado a un autoideal no actualizado que debió haber expirado años atrás.

La mayoría de la gente no ha creado de forma consciente su autoideal, y por lo tanto, este se ha desarrollado sin orden ni concierto. Si carece de intencionalidad será vago e impreciso. Y si es impreciso, su cerebro no hará nada para hacerlo realidad. Hasta este momento de su vida, ¿se ha desarrollado su autoideal a propósito o de por sí?

El autoideal es un concepto abstracto. Es una construcción mental. Una de las mejores maneras de hacer al autoideal más concreto y positivo es desarrollar una declaración de misión detallada de uno mismo. Esta es una explicación consciente y por escrito de su potencial total *como Dios lo ve*. Con una declaración de misión, usted toma esta construcción intangible del autoideal y la transforma en algo concreto. Su declaración de misión, junto con sus metas en la vida, se convierte en una herramienta física que podrá usar para aguzar su autoimagen en el futuro[2]. Igual que con su concepto de sí mismo en general, usted no nació con un autoideal, lo que significa que puede transformarlo. Empezar esta conversión será el tema del capítulo 4.

Su autoimagen

Su actual autoimagen, formada en lo fundamental a partir de sus influencias ambientales, de las cuales hablaremos en la última sección de este libro, es el mecanismo responsable de guiar su comportamiento. Si recordamos el ejemplo del PiP en las páginas 64-65 es el partido que se está desarrollando *ahora*, basado fundamentalmente en sus interacciones con los demás. El mismo se desarrolla a partir de lo que

---

[2] Lo exhorto encarecidamente a que elabore una declaración de misión personal, lo cual será una herramienta excelente de muchas formas. Para un enfoque efectivo, paso a paso, vea mi libro *El éxito no es un accidente*.

usted se dice y lo que los demás le dicen (en particular sus padres y cónyuge). Usted tiene una autoimagen general, pero también tiene autoimágenes secundarias que influyen en su matrimonio, su paternidad, su estado físico, su fe.

Nuestra autoimagen es determinante, porque **casi siempre actuamos de acuerdo con la imagen interna que tenemos de nosotros mismos.** De hecho, usted no puede esperar comportarse de manera distinta a la programación de su autoimagen, de la misma manera en que no puede poner mezcla de tarta de chocolate en el horno y al cabo de una hora sacar un pastel de manzanas. Va a sacar lo que colocó dentro. Usted puede superar eso, pero le costará un esfuerzo consciente y deliberado hacerlo.

Su autoimagen mental actúa como un termostato de desempeño, que regula su comportamiento de la misma manera en que un termostato controla la temperatura de una habitación. Ella establece los límites inferior y superior de la calidad de su desempeño en cada faceta de su vida, igual que en su vida en general. Usted puede ir hasta la pared y cambiar el termostato cuando lo desee, si es que está dispuesto a hacerlo. Si no cambia el termostato de desempeño, es muy probable que siga repitiendo lo que siempre ha hecho. En el siguiente capítulo aprenderá ocho pasos que cambiarán su «termostato».

Su autoimagen le suministra justificaciones reiteradas que le mantienen atrincherado en sus circunstancias actuales. Escuchará cosas como estas:

- Comienza la dieta (o los ejercicios) mañana.
- Ella debería disculparse contigo primero.

- Te puedes poner al día la semana que viene.
- Es mejor ir al seguro.
- Lo que no puede curarse hay que soportarlo.
- Una vez más no le hará daño a nadie.
- Eres un impostor.

Debido a que su autoimagen está vinculada con su apetito emocional a corto plazo, es difícil que alguna vez *sienta deseos* de actuar de una manera que *no esté de acuerdo* con este punto de partida de la autoimagen. Sin embargo, hay una solución: **Puede cambiar su programación negativa anterior si escoge nuevos comportamientos que estén en armonía con el potencial que Dios le ha dado, tenga o no deseos de hacerlo.**

69

Su autoimagen o espejo interior determina cómo usará usted su tiempo, talentos, conocimientos, habilidades y experiencias. ¿Entendió la última oración? Creo que explica uno de los grandes misterios de la vida. ¿Por qué tantas personas dotadas y a menudo bien preparadas no viven de acuerdo con su potencial? En muchos más casos de lo que quisiéramos reconocer, se debe a que se ven a sí mismos como perdedores en vez de ganadores. Por otro lado, conocemos a muchas personas que tienen pocas ventajas, pero que sacan el mayor provecho de las mismas.

¡Caramba, ese soy yo!

Piense en un momento cumbre reciente, en un momento en que todo le iba tan bien o mejor de lo que esperaba y en que se sentía de manera óptima. Quizá haya sido una tarde con su cónyuge, en que estuvieron de veras íntimos, y se sintieron más cerca que nunca antes. Quizá fuera el fin de semana pasado en la cancha de tenis o en el terreno de golf, cuando estaba jugando su mejor juego. Quizá fue un día supermaravilloso en la oficina, en que hizo su mejor presentación o se ganó su cheque más grande.

De cuando en cuando, todos tenemos esas experiencias de éxito. Cómo las procesamos es un indicador valioso de nuestra autoimagen. Si el momento cumbre excedió nuestras expectativas, con frecuencia desdeñamos la experiencia y la achacamos a la buena suerte, a una sincronización afortunada o al «Impostor».

¡Usted conoce al Impostor! Es el individuo imaginario que, si lo dejan, se asigna el mérito por sus mejores momentos. Por supuesto, no es más que otro truco mental causado por una autoimagen negativa, que resulta en un bloqueo de su crecimiento. El Impostor es una voz interna que, a pesar de la evidencia de lo contrario, le asegura que usted está «jugando más allá de sus posibilidades»; que en realidad no tiene el talento necesario para manejar la situación en la que está metido; que si logra algo bueno es debido a la suerte. **Lo cierto es que esos momentos cumbres en los que parece que está jugando más allá de sus posibilidades son en realidad vislumbres de su potencial completo.** ¿Por qué no invertir las cosas y pensar que la intimidad con su cónyuge, aquel día de excelencia en el terreno de golf, aquel cheque grande, son todos el resultado directo de *lo que usted es en realidad*? **¿Y qué si le atribuimos nuestros peores momentos, y no los mejores, al Impostor?**

Es desafortunado, pero tendemos a *distanciarnos* de nuestros mejores momentos, y los explicamos como

Lo que visualiza es lo que obtiene.

«excepciones de la regla», y la regla es la imagen actual que tenemos de nosotros mismos.

Por otra parte, si tenemos un día malo en el campo de golf, o en la oficina, o una noche turbulenta con nuestra pareja, tendemos a *identificarnos en exceso* con esa experiencia y pensar: *Este debe ser mi verdadero yo.*

La diferencia mental entre un guerrero de fin de semana y un atleta de categoría mundial ilustra esto de manera dinámica. El guerrero de fin de semana o atleta aficionado sale al campo de golf, hace su puntuación más baja de la vida y después resuelve la situación con comentarios como estos:

- «¡Vaya, hoy debe ser mi día de suerte!».
- «Seguro que vuelvo a lo mismo la próxima vez».
- «Ojalá pudiera jugar siempre así».

Los guerreros de fin de semana tienden a desentenderse de sus mejores desempeños y el cambio positivo que podría tener lugar. Los atletas de categoría mundial, por otra parte, tienen un mal día en el campo y al instante lo desechan, y lo atribuyen al Impostor. Se distancian de un desempeño inaceptable con comentarios como estos:

- «Yo conozco a mi verdadero yo, y no era ese».
- «Ese no era yo».
- «Jugaré mi mejor juego mañana».

La próxima vez que haga algo mal (que tenga un día frustrante o un minuto malo), solo dígase que ese debe ser el Impostor. Después recuérdese su potencial verdadero. Recuérdese lo que es amable, verdadero, virtuoso, y digno de alabanza... sobre usted.

Para experimentar el gozo al máximo, necesita pensar como un atleta de clase mundial e identificarse con su mejor parte, con esos momentos en que se ha sentido imparable. La próxima vez que sienta que su matrimonio está por lo alto, refuércelo en privado con un *Esto es solo un vislumbre de lo bien que puede ser siempre*. **La próxima vez que tenga otro gran avance, dígase: ¡*Vaya, ese soy yo!***

Su autovaloración

Ya hemos visto la imagen futura (*autoideal*) y la imagen actual (*autoimagen*). Yo llamo *autovaloración* al tercer componente del concepto que tiene de usted mismo. En el ejemplo anterior de la televisión dije que su autovaloración determinaba qué programas usted se daba permiso para mirar primero. Esto es solo otra forma de decir que en este mundo usted recibirá solo lo que quiere dejar entrar. Si se siente inseguro y piensa en sí mismo como inadecuado e inmerecedor, sus propios pensamientos obstruirán el camino hacia su realización completa. Su autovaloración demuestra cuán listo y preparado, espiritualmente hablando, está usted en realidad para hacer la obra de Dios. También demuestra cuán receptivo es a las bendiciones y el favor de Dios. **La autovaloración es una autoapreciación auténtica arraigada en su singular carácter como hijo de Dios.** Usted reconoce que es un milagro especial, irrepetible, «porque formidables, maravillosas son [sus] obras» (Salmo 139:14). Acepta que Dios tiene grandes planes para su vida. Confía en la Palabra de Dios más que en las palabras de otros para evaluar a su persona. «¿Qué es el hombre, para que tengas de él memoria, y el hijo del hombre, para que lo

72

visites? Le has hecho poco menor que los ángeles, y lo coronaste de gloria y de honra» (Salmo 8:4, 5).

La autovaloración no está basada en los logros, sino en el significado que usted le da a su vida aparte de su desempeño, en su identidad como uno que Dios ha creado y ama. Aunque parezca raro, cuando usted se ve como apreciado y valioso más allá de sus logros, usted está en una mejor posición para lograr la excelencia.

Es típico que la mejor autovaloración se desarrolle en la infancia, en los niños que perciben un amor incondicional de parte de sus padres. Ese amor incondicional imita el amor y la gracia de Dios y la forma más directa de expresarlo a los hijos es con conceptos como los que siguen:

- **La verdad absoluta** en vez de la *verdad relativa*.
  Recalque la Palabra de Dios.
  Diga sin ambigüedades lo que es bueno y lo que es malo.
  Réstele importancia a lo que se hace o no se hace solo para que nadie se moleste.
- **Afirmación positiva** en vez de *crítica destructiva*.
  «¡Tienes lo necesario para lograrlo!».
  «¡Tu mamá y yo estamos muy orgullosos de ti!».
  «Hagas lo que hagas, siempre te querremos».
- **Límites prudentes** en lugar de *límites variables*.
  Esto es permisible; esto no.
  Lo más importante es fortalecer tu carácter.
  Inspecciona lo que esperas. Rendir cuentas es esencial.

Los niños que crecen con verdad absoluta, afirmación positiva y límites prudentes tienden a llegar a ser adultos

73

auténticos que se sienten bien dentro de su propia piel. Y hay otra ganancia aquí: los niños con una alta autovaloración tienen muchas probabilidades de tener un buen desempeño. De hecho, nada mejora más el desempeño de sus hijos que una inyección de autovaloración. Sin el estrés de hacer una pose ni simular, tendrán más combustibles y más concentración para alcanzar las metas que encuentren más valiosas.

Lo mismo es válido para usted. Los individuos mejor ajustados y maduros tienen un alto sentido de la autovaloración, lo que quiere decir que le dicen que sí solo a cosas que le gustan mucho. Se buscan la vida haciendo lo que les gusta. Se divierten con eso. Y tienen éxito casi siempre porque están relajados y cómodos consigo mismos. No necesitan probar nada.

La mayoría de los padres aman a sus hijos de manera incondicional. Lo que importa, sin embargo, es si el hijo *percibe eso*. Si un niño percibe que tiene que ganarse el amor de sus padres por medio de buenas notas, recitales, una apariencia correcta y otras competencias, con facilidad puede convertirse en un adulto que cree que tiene que salir al mundo a trabajar por el amor que desea. Un problema aun mayor es que si el amor se percibe en la niñez como condicionado, se hace más difícil recibir el mensaje de la gracia de Dios.

Como el progenitor perfecto todavía no ha sido creado, muchos niños crecidos están ocupados abriéndose paso por la vida, heridos por un déficit del amor que más querían y necesitaban. Para arreglárselas, muchas veces se resisten a correr los riesgos del futuro y se pierden la mayor parte del gozo que Dios les tenía planificado. Sin embargo, con Dios

¡nunca es demasiado tarde! En los próximos capítulos hablaremos de cómo mejorar su concepto de sí mismo e incrementar su potencial para el gozo. ¡Siga leyendo!

Una oración de permiso

Padre Dios:

Te alabo porque soy único. No has puesto ninguna otra persona en el mundo que sea como yo. Prepárame para ser la obra maestra que diseñaste originalmente. Gracias por hacerme a tu semejanza. Permíteme que me vea hoy con tanto significado como tú me ves. Mantén mi mirada adelante en vez de detrás de mí. No permitas que me identifique demasiado con mis errores ni me desentienda demasiado de mis victorias. Elimina y disuelve cualquier pensamiento ocioso o destructivo del pasado que yo todavía pueda llevar dentro.

Dame el coraje para exceder mis límites pasados en todas las facetas de mi vida. Recuérdame que mis momentos cumbres son solo vislumbres del enorme potencial con que me has bendecido. ¡Gracias por darme permiso para vivir la vida en su plenitud!

En el nombre de Jesús,

Amén

> ### Una cosa hago...
> A partir de hoy aumento mi potencial de gozo al meditar en lo que significa de verdad ser un hermoso y maravilloso hijo de Dios.

RESUMEN DE LA PRIMERA PARTE

Descubra su gozo

- Estar lleno de gozo no significa que su vida sea perfecta. Significa que usted confía de manera enfática en Dios y cree que tiene grandes planes para su vida, a pesar de lo que esté sucediendo ahora. El gozo es una señal exterior de una fe interior en las promesas de Dios.

- ¡Sus pensamientos quedan al descubierto! Poco a poco las conversaciones secretas que usted sostiene en la privacidad de su propia mente determinan su destino.

- El Principio 4:8 dice que a cualquier cosa a la que le dedique su atención se expandirá en su experiencia. Si se mantiene en sus puntos fuertes, sus bendiciones, sus metas y con todas las personas que le aman, atraerá aun más bendiciones, aun más amor, y aun más logros.

- La técnica más efectiva de desarrollar el hábito de un Pensamiento 4:8 es desarrollar el hábito de hacerse y responderse de forma reiterada Preguntas 4:8. Una Pregunta 4:8 demanda una respuesta positiva, constructiva, que promueve el Pensamiento 4:8.

- Por lo general actuamos de acuerdo con nuestro concepto de nosotros mismos. Usted puede anular una programación negativa del pasado si escoge con toda intención comportamientos que estén en armonía con su máximo potencial, no importa si tiene deseos o no.

En esto pensad

El Desafío 4:8

1. ¿Cuál cree usted que sea el secreto de una vida llena de gozo?
2. ¿De qué maneras ha estado esperando por el gozo, en vez de buscarlo?
3. ¿Qué tipo de preguntas se hace usted de forma rutinaria? ¿Cómo otras preguntas mejores podrían aumentar sus pensamientos gozosos?
4. ¿Cómo podría usar el Principio 4:8 para cultivar lo mejor de su cónyuge, de sus hijos?

SEGUNDA PARTE

PODER, AMOR Y DOMINIO PROPIO

Desarrolle su gozo

CAPÍTULO 4

SU POTENCIAL PARA EL GOZO
Fortalezca su concepto de sí mismo

La mayoría de los jugadores son bastante buenos, pero van adonde está el disco; yo voy adonde va a estar el disco.
WAYNE GRETZKY

En el capítulo 3 hablamos de cómo un concepto positivo de uno mismo reflejaba nuestra identidad como hijos de Dios y nos permitía alcanzar nuestro potencial máximo. En este capítulo aprenderá a sobrecargar su potencial de gozo al edificar un concepto piadoso de sí mismo. ¡Esta es una gran oportunidad! Sin tener en cuenta dónde esté usted ahora ni dónde ha estado, puede llevar su concepto de sí a nuevas alturas si pone en práctica algunos o todos los ocho pasos que siguen. Le recomiendo que a medida en que se familiarice con esos bloques de construcción evalúe lo bien que está ya practicando cada componente. En el margen de este libro dese una nota de evaluación. El propósito de este rápido ejercicio no es hacerle sentir inferior ni superior, sino ayudarle a estimar dónde está ahora y determinar lo que podría hacer para aumentar su potencial de gozo. Recuerde que, de acuerdo con el Principio 4:8, usted experimentará más de aquello a lo cual se aferre. Si medita en sus puntos fuertes, el valor que Dios le ha dado y su potencial futuro, se sorprenderá de cuán diferente se va a ver.

Debido a que su concepto de sí mismo es su cimiento para el futuro, cualquier esfuerzo que haga por fortalecerlo le traerá múltiples recompensas, y estará bien encaminado a llevar una vida de gozo y a tener un mayor impacto en el mundo.

Primer paso: Reconozca la verdadera fuente.

Una autovaloración legítima, perdurable, solo puede proceder del amor de Dios, de conocer y sentir quién es usted como nueva criatura en Cristo. Mírese como un hijo de Dios. ¡Usted es la empresa especial de Dios! Trabaje para reconocer ese hecho desde el punto de vista emocional, no del intelectual. **Si sigue pensando de sí de la manera en que solía hacerlo, eso es exactamente lo que seguirá siendo.**

Demasiadas personas basan su autovaloración en lo que los demás piensan de ellos. Pero, si usted depende de los demás para su autovaloración, ¿acaso es apropiado llamarla *auto*estima? Tenga cuidado de hacer un dios de la opinión de los demás. Necesitar la aprobación de los demás es una trampa inmovilizante. En esencia, es decir que la opinión que alguien tiene de usted es más importante que la opinión de Dios. Puede ser útil en ciertas situaciones recordarse en silencio: «Lo que usted piense de mí no es asunto mío».

Cuando usted se mantiene concentrado en las promesas de Dios, se da cuenta de que *ya* ha sido aprobado. La verdadera autovaloración es intrínseca. Viene de adentro, no de las adquisiciones, acogidas ni aprobaciones de los demás. A pesar de sus defectos, debilidades y errores, Dios lo ama. La Biblia está llena de esta verdad. Uno de los muchos pasajes que expresan el amor de Dios es Jeremías 31:3: «Con amor eterno te he amado; por tanto, te prolongué mi misericordia».

¡Esté de acuerdo con su Creador! Él lo sabe todo acerca de usted y de todas formas le ama. Su amor por usted mismo debe reflejar el amor que Él le tiene. Esto es fundamental, porque usted solo va a recibir lo que, allá en lo profundo, crea que se merece tener.

Cuando incorpora el Principio 4:8 a cada aspecto de su vida, usted piensa, habla y actúa como si creyera en realidad que es esa nueva criatura. Usted actúa como si creyera con sinceridad que las cosas viejas han pasado y el Reino de Dios está dentro de usted. Piense en la clase de autoimagen que estará edificando con el flujo de palabras, cuadros e imágenes que pasarán por su mente.

Segundo paso: Perdone a los demás sin excepción, ¡y hágalo de veras!

Debe perdonar a todos en su vida, pasada o presente, por todas las cosas tontas, flojas, chifladas, repugnantes, cobardes, crueles, viperinas, dañinas e insensibles que le hayan hecho, tanto reales como imaginarias. (¿Se me quedó algo fuera?). Como dije en el capítulo anterior, la vida es demasiado corta para ser negativa. Todos somos humanos. Pasan cosas. Siga adelante. **Nunca permita que una vieja herida se encone por un exceso de atención.** Cuando usted carga

> Es imposible que usted se sienta excelente consigo cuando está arrastrando un resentimiento hacia otra persona.

83

con amargura, hostilidad y otro equipaje emocional, vive en el pasado y es posible que no pueda darse cuenta de su potencial de gozo. ¿Cómo afecta eso su autovaloración? Es imposible que usted se sienta excelente consigo cuando está arrastrando un resentimiento hacia otra persona. Puede que me equivoque, pero sospecho que esto es por diseño divino.

Como nadie es perfecto, el perdón tiene que ser un proceso continuo. Usted tiene que desarrollar una piel extragorda o convertirse en una máquina de perdón perpetuo; quizá ambas cosas. Las personas, en especial aquellas que le son más cercanas, le herirán de continuo, a propósito o no. Con frecuencia será de forma leve; de vez en cuando será de manera exagerada. Haga del perdón una parte clave de lo que llamo su *ritual diario del gozo*, una serie de pasos cortos que usted da de rutina cada mañana o cada tarde. Niéguese a aferrarse a malos sentimientos de cualquier clase, forma o variante. Aunque pueda ser que *perdone a los demás*, de una manera más directa estará *favoreciéndose a usted mismo*. Su salud espiritual, emocional, mental y física depende de que se convierta en una máquina de perdón perpetuo.

Tercer paso: Perdónese enseguida y a menudo... ¡y de verdad!

Ahora que usted ha hecho del perdón a los demás un hábito diario, añada a la lista el perdonarse a sí mismo. En comparación, ¡perdonar a los demás puede parecer fácil! Sin embargo, es imperioso que se perdone a usted mismo, sin reservas mentales, por las decisiones estúpidas, pensamientos impropios, palabras limitantes, comportamientos tontos, creencias negativas y todas las demás cosas contraproducentes que haya hecho alguna vez. Como usted no es perfecto, perdonarse a usted mismo será un proceso que tomará tiempo. Es notable que usted solo vaya a tener que hacer eso... ¡por siempre! Está bien, no está solo.

No espere que va a *sentir* nada diferente al momento. La bendición emocional a menudo llega después del perdón. Solo acepte la gracia y la restauración de Dios como el increíble regalo que es. Deje detrás la chatarra para que tenga lugar para el gozo.

Practique el perdonarse con regularidad... y hágalo de veras. Reconozca sus errores y acepte el perdón de Dios. Después de todo, Jesús pagó el precio, así que no hay motivo para que usted se sienta culpable más allá del momento en que se arrepiente. Si usted se mira en el espejo y se siente avergonzado de su apariencia, está derrotado antes de empezar. En vez de ahogarse en su pecado pasado, báñese en el sol de la tranquilidad y alegría de espíritu que fluye a través suyo cuando se da cuenta de que Dios le ha perdonado. El día de ayer se quedó para los libros de historia. El ayer es tan imposible de cambiar como la Segunda Guerra Mundial. Pero hoy usted está haciendo historia.

La culpa no es práctica. Lo obliga a vivir el momento presente mientras está paralizado por los errores pasados. Cuando usted tiene contratiempos o se desliza un poco, no es menos valioso. Lo que tiene es que aprender algo de los deslices. Asegúrese de aprenderlo, porque aprender del pasado es mejor que vivirlo de nuevo. Haga del perdón de sí mismo un elemento obligatorio de su ritual diario de gozo. Olvide sus fallos y avive de nuevo sus gozos.

Cuarto paso: Concéntrese en las fuerzas que le ha dado Dios.

Enfatice su originalidad al recalcar sus dones y talentos especiales. Nadie más tiene su diseño, que es único, y Dios tiene un propósito para la forma en que lo hizo a usted. Eso significa que adorar sus debilidades no tiene futuro. Olvídese de sus defectos y en vez de eso piense en su Dios. Con el don del Espíritu Santo, usted está calificado ahora mismo para hacer cualquier cosa que Dios quiera que haga. Abandone la idea de que necesita algo o alguien que lo haga a usted completo. Como hijo de Dios, ya tiene todo lo que necesita. Tiene lo que hace falta. Entréguese al servicio a los demás con su talento exclusivo. Piense en esto: **Si usted fuera igual a los demás, ¿qué tendría para ofrecerle al mundo?** En vez de compararse con otros, cosa que tarde o temprano lo llevará a la depresión, compárese con el potencial que Dios le concedió. Concéntrese en llevar adelante su desarrollo. Pregúntese repetidas veces: «¿Cómo puedo ser mejor, más fuerte y más sabio hoy que ayer?». Honre a Dios al elevar siempre sus normas.

A menudo un pobre concepto de uno mismo es el resultado de compararse de manera desfavorable con otro. En mis talleres bromeo al decir que es casi imposible que uno tenga un concepto negativo de sí mismo si se queda de náufrago solo en una isla desierta, porque sería imposible hacer una comparación desfavorable con otros. (A menos, por supuesto, ¡que se eche la culpa de estar ahí!). Evalúe su progreso a la luz de su potencial total, no del de otros. No se pregunte: «¿Cómo me va en comparación con los demás?». En vez de eso pregúntese: «¿Cómo me va hoy comparado con el trimestre pasado? ¿Cómo me va hoy comparado con donde estaba hace un año, o incluso ayer?». Dedíquese a su mejoramiento; usted es la única persona a la que puede controlar.

Concéntrese en el progreso y abandone el concepto de la perfección. Alguien por ahí siempre será mejor que usted en al menos un aspecto de la vida. De manera similar, usted va a ser mejor que mucha otra gente en muchas cosas. Somos superiores a muchos de muchas maneras, y somos inferiores a muchos de muchas maneras, y eso está bien así. Trabaje en usted.

Quinto Paso: Elimine sus monólogos negativos e introduzca monólogos gozosos.

Deje de maltratarse, y empiece ahora mismo. En su lugar háblese de sí mismo como si hubiera ya alcanzado su máximo potencial, según se define en su declaración de misión. A menos que haya especificado una visión sombría de su futuro, ese mecanismo lo pondrá en armonía con el Principio 4:8, porque estará dirigiendo su mente hacia los aspectos de su vida que son dignos de encomio. A la luz del mejor plan de Dios para usted, ¿qué tipo de palabras debería usar en sus conversaciones con usted mismo?

Cambiar la manera de comunicarse con usted mismo cambiará su autovaloración más rápido que cualquier otro método. En Proverbios 18:21 se nos advierte que la vida y la muerte están en poder de la lengua. **Las palabras que usted se susurra tienen el poder de alentar o desalentar, de motivar o desmotivar, de generar gozo o de repelerlo.** Cuando use su boca para argumentar sus limitaciones, las mantendrá. Las palabras que usted use hoy crearán el mundo que va a experimentar mañana. Según su enfoque, eso será un gran problema o una gran oportunidad.

Imagínese que tiene un micrófono colgado al cuello y cada palabra que dice hoy se graba y repite mañana en la televisión nacional. ¿Será eso algo bueno? ¿Reflejarán sus palabras con precisión su fe en Dios? ¿Será más probable que su habla refleje los problemas del presente, o sus esperanzas en cuanto al futuro? ¿Recalcarán sus palabras sus bendiciones o sus preocupaciones? ¿Estará usted complacido con su ejemplo ante el mundo? Aunque puede que usted no tenga un micrófono real, sus palabras quedan registradas en su subconsciente y se las repetirán en el momento que este quiera.

Esté consciente de sus palabras. Cuando alguien le pregunta cómo está, ¿qué responde? ¿Le da el acostumbrado «bien, gracias»? ¿Por qué no usar esa pregunta cotidiana como una oportunidad de proclamar su gozo?

> No lo que entra en la boca contamina al hombre; mas lo que sale de la boca, esto contamina al hombre.
> MATEO 15:11

Responda: «¡Me va de lo mejor!» o «¡Excelente, gracias!» o «¡Me siento divino!». ¿Por qué? Ante todo, porque comparado con los millones o miles de millones de personas en el mundo que luchan por suplir sus necesidades más elementales, a usted le va de lo mejor. Segundo: su respuesta actúa como una orden a su subconsciente. Si quiere tener un día promedio, responda: «Bien, gracias». Si quiere algo más, evite las respuestas aburridas que quitan el gozo. Recuerde: el gozo está dentro de usted, pero depende de usted liberarlo.

Comience **a decir solo lo que busca,** como si ya fuera la persona que Dios quiere que llegue a ser y ya estuviera viviendo la vida de sus sueños. Hable como si lo que está escrito en su declaración de misión fuera realidad hoy. Hable como si creyera en sus oraciones. Deje de aferrarse al pasado y de hablar de usted como la persona que ya no desea ser. Evite hacer referencias reiteradas y de pasada a sus errores y temores. Y lo más importante, ante todo, suspenda todas las observaciones deprecatorias sobre usted mismo. Yo puedo obtener una imagen clara del concepto que tiene alguien de sí oyéndola hablar unos quince o veinte minutos. Lo revela por la manera en que habla de sí y a menudo por la manera en que habla de los demás.

Usted puede controlar lo que sale de su boca. Sus palabras, por supuesto, son un reflejo de sus procesos mentales, pero es un poco más fácil controlar la boca que controlar la mente. **Comience a programarse la mente disciplinándose primero la boca.** Elimine una tras otra todas las expresiones u observaciones que no estén en consonancia con la persona que Dios quiere que sea.

Sexto paso: Cuide en grado extremo su persona.

Alcance y mantenga una condición física excelente. Practicar el «*cuidado en grado extremo*» de su persona, o sea, cuidar con meticulosidad de su mente, espíritu y cuerpo, es un subproducto de una autovaloración piadosa. Cuando usted descuida los hábitos prudentes de una buena salud se hace más vulnerable a las peores condiciones de la naturaleza humana. Cuando uno está agotado, cansado o fatigado, tiende a violar el Principio 4:8 y a empantanarse en lo negativo. Puede que también tome decisiones cotidianas en base a la viabilidad, motivadas por una ganancia a corto plazo y no por una a largo plazo. Como no tiene el máximo de energía, dará menos a las personas y causas importantes de su vida.

Una alta prioridad para los clientes de mi Club 1% es mantener un cerebro y un cuerpo que les ayuden a funcionar con efectividad, servir a otros y materializar sus buenas intenciones. **Cuando usted se cuide de una manera excepcionalmente buena, tendrá mayores probabilidades de tomar decisiones que le liberen sus frenos y mantengan su tanque lleno de gozo.** La alternativa es estar tan agotado que apenas pueda arrastrarse, permitir que lo aten cadenas a algo que es mucho menos de lo que es usted en realidad.

He aquí los factores esenciales del cuidado propio que debemos tener en cuenta:

1. ¿Vivo la vida que Dios quiere para mí?
2. ¿Tengo una visión clara y motivadora de mi futuro?
3. ¿Paso tiempo a solas con Dios cada día?
4. ¿Hay alguien en mi vida que me haga responsable de mis actos?
5. ¿Escojo con regularidad alimentos y bebidas saludables?
6. ¿Hago algún tipo de ejercicios cada día?
7. ¿Duermo lo suficiente cada noche?
8. ¿Tengo no menos de tres buenas amistades?

9. ¿Tengo «*tiempo extra*» o un *margen* en mi estilo de vida?

10. ¿Estoy buscando el progreso antes que la perfección?

Use sus respuestas para ayudarse a distinguir las esferas en que necesita trabajar más. Haga un plan que le lleve a donde quiere y debe estar.

Séptimo paso: Sea la persona que Dios quiere.

Use como acicate Filipenses 4:8 y visualice su mejor condición. Para lograr esto, escape primero de las limitaciones del momento actual y enfoque su reflector en su potencial total.

Al fin y al cabo, **¡hay mucho más reservado para nosotros que nuestra realidad actual!** La mayor parte de su verdadera identidad no puede verse con ojos humanos. Su crecimiento se detiene cuando no alimenta su potencial invisible con atenciones y expectativas positivas. Pero antes que pueda ser la persona que Dios quiere que sea, debe definir cómo usted cree que es esa persona. Como dije en la primera parte, le recomiendo que haga una declaración de misión meticulosa y clara de su persona, que describa todo su potencial en la vida, según la opinión de Dios. Esto es un aspecto vital: no como usted lo vea, sino desde el punto de vista de Dios, según lo mejor que usted pueda discernirlo.

> No juzguéis según las apariencias, sino juzgad con justo juicio.
> JUAN 7:24

Escuche el ánimo que da Pablo: «[Dios] es poderoso para hacer todas las cosas mucho más abundantemente de lo que

pedimos o entendemos» (Efesios 3:20). En otras palabras
¡ensanche su horizonte! Aumente su territorio mental. Use
la imaginación, y no la memoria, para alcanzar esta perspec-
tiva motivada por la fe. «Lo que es imposible para los hom-
bres, es posible para Dios» (Lucas 18:27). Elabore su
declaración de misión como si el propio Dios en persona lo
estuviera animando.

Usted verá que estos ejercicios lo obligarán a extenderse
más allá del statu quo y sacarán lo mejor de usted. Tenga
este punto de vista como sus «ojos espirituales». Fuimos,
por supuesto, creados a la imagen y semejanza de Dios. En
consecuencia, tenemos una responsabilidad emocionante y
exigente. Con *ojos espirituales* podemos ver las realidades es-
pirituales más profundas más allá de la apariencia superfi-
cial obvia.

Todos los grandes líderes, cónyuges, progenitores y
mentores ejercitan esos *ojos de fe*. Ven las posibilidades y la
verdad aunque dichos conceptos puedan estar oscurecidos por un tiempo en un velo de negatividad. Reconocen que el sol existe cuando no se ven más que nubes. Reconocen una gran fortaleza incluso en medio de grandes luchas. Dis-

> Trate a un hombre como es y seguirá siendo como es. Trate a un hombre como podría ser y se convertirá en lo que podría y debería ser.
>
> JOHANN GOETHE

ciernen oportunidades cuando otros ven solo embotella-
miento. Las apariencias, después de todo, pueden ser

bastante engañosas. Los ojos espirituales detectan y extraen excelencia de los demás.

Después que escriba su declaración de misión, quiero que elabore una larga serie de objetivos a corto y largo plazo que le despierten gozo por el presente y pasión por el futuro. Termine de escribir su misión inspirada por Dios y compare su comportamiento y hábitos con ella cada semana o incluso cada día. Analice las posibles formas en que su vida podría dejar un legado perdurable. Luego *permanezca* en esta versión escrita y creada a conciencia de su *autoideal*. Al decir *permanezca* quiero decir que la relea, la repita, la memorice y visualice la manera en que se va convirtiendo en su realidad. Empápese en esa visión final. Cuando piense a profundidad en la persona que pretende llegar a ser, se sensibilizará a los cambios que debe hacer para que eso se produzca. Honre y reconozca en los demás las cualidades que usted quiere tener en su propia vida. Medite con frecuencia en las cualidades del carácter que crea que Dios quiere ver en usted. El lugar más gozoso en que puede estar es dentro de la voluntad de Dios. **Contemple los planes maravillosos y emocionantes que Dios tiene guardados para su futuro.**

Una técnica es preguntarse: «*¿Cómo reaccionaría mi futuro yo a ...* [enuncie una situación específica]*? ¿Qué haría diferente mi futuro yo cada mañana o tarde? ¿Cómo cuidaría mi futuro yo de mi cerebro y mi cuerpo?*» Visualice al nuevo usted que toma mejores decisiones hoy y disfruta de las recompensas que se derivan de por sí. Imagínese con los hábitos que tendría si estuviera ya viviendo su mejor vida.

93

Octavo paso: Actúe ahora con gozo.

Cualquiera puede ser feliz cuando las circunstancias son maravillosas, pero el gozo es diferente. El gozo es felicidad preventiva. Es la capacidad aprendida de desplegar su fe hacia adelante en el tiempo por medio de su actitud mental diaria. Eso debería ser una de las cosas principales que separen a los hombres y mujeres de fe de los demás. La mayoría de la gente lo que haría sería esperar a ver. Un estado mental típico es «Cuando lo vea, lo creeré, y *entonces* obraré en consecuencia». Lo tienen al revés, y sin duda van a tener que esperar mucho. ¿Acaso la actitud de «Muéstrame primero» indica una gran fe? ¡No! La Biblia nos da muchos ejemplos de personas que creyeron en las promesas de Dios y dejaron que eso moldeara su actitud, incluso cuando no podían ver cómo actuaría Dios. Abraham y Sara eran viejos antes que Dios les diera un hijo, pero «por la fe también la misma Sara, siendo estéril, recibió fuerza para concebir; y dio a luz aun fuera del tiempo de la edad, porque creyó que era fiel quien lo había prometido » (Hebreos 11:11).

Para actuar con gozo ahora, viva cada hora como si su potencial total se hubiera materializado. Actúe cada momento con la gratitud que sentiría si sus más sentidas oraciones hubieran sido respondidas. **Levántese de su tiempo de oración con una sonrisa jubilosa que le inunde el rostro.** En esencia, eso significa ejercitar los *ojos espirituales.* Mire a sus circunstancias con los ojos de la fe y vea lo que podría ser si cambiara su actitud y le permitiera a Dios obrar en la situación.

Quiero que deje de leer un momento y haga un listado de las cinco cosas que estaría haciendo hoy de manera

94

diferente si hubiera alcanzado sus más altas metas o vencido sus más grandes desafíos. Quizá estaría actuando con atrevimiento, dedicado a una pasión, usando su tiempo de manera distinta, invirtiendo más tiempo con relaciones importantes, dando gracias más a menudo o asumiendo nuevos riesgos. ¿Por qué no seguir adelante y dejar que ese impulso continúe? Pregúntese: «¿Cómo actuaría yo si estuviera bullendo de gozo?».

En el retiro anual de planeamiento de parejas del Club 1% a menudo parafraseo la sabiduría de Goethe al decir: «Trate a su esposa como es y seguirá siendo como es. Trátela como pudiera y debiera ser y llegará a ser lo que puede y debe ser. Y como un recurso para los padres, enseñamos: «Trate a su hijo como pudiera y debiera ser y llegará a ser lo que puede y debe ser».

En el matrimonio usted *puede* llegar a ser el tipo de pareja que saca el mayor potencial de sus relaciones *si está dispuesto a tomar la iniciativa*. En vez de ser un marido resentido, puede pensar, hablar y actuar con respecto a su esposa como si fuera la mujer de sus sueños. Puede decidir amarla con gozo *ahora*. En vez de ser una esposa resentida, que espera por unas razones obvias para ser amorosa, puede tratar a su marido como si ya él excediera todas sus expectativas. Puede decidir respetarlo con gozo *ahora*. No importa lo que haga su pareja, *usted* puede honrar el potencial de su matrimonio.

Los padres con frecuencia son muy buenos en eso de ejercitar los ojos espirituales con sus hijos. Si tiene hijos (o recuerda cuando era niño) es probable que se identifique con eso. Incluso cuando un bebé apenas está gateando, los padres se lo imaginan ya caminando. A pesar de que hay

95

muy poco progreso exterior que sugiera que va a caminar alguna vez, los padres mantienen la fe. Caída tras caída, tropezón tras tropezón, ellos lo enseñan, alientan y aplauden. Al creer que de verdad él va a caminar, *ellos responden a su potencial,* no a su realidad actual. Una dinámica similar tiene lugar años más tarde, cuando él está aprendiendo a leer o a montar bicicleta. No obstante, a menudo cuando el niño crece, sus padres echan a un lado los ojos espirituales y se atascan en la realidad actual. El niño todavía tropieza, solo que de una manera diferente ahora y necesita más que nunca el poder de ojos espirituales que liberen su potencial.

Imagínese que alguien le ofreciera $75.000 por hacer el papel de un amigo, esposa o vecino lleno de gozo en una película. ¿Podría hacerlo? Pues haga el papel ahora. Cuando usted se comporte de la manera en que sabe que se comportaría si su oración hubiera sido respondida, estará andando como debe, demostrando su fe. Quizá no esté listo aun para hacer eso en todas las facetas de la vida. Por ahora está bien, pero no deje que eso justifique la inacción en las demás facetas. Emprenda la acción ahora. ¡Usted puede hacerlo!

Los ocho pasos que hemos visto en este capítulo le proveen maneras de mejorar su autovaloración e incorporar el Principio 4:8 a su manera de pensar. Algunos de esos enfoques son poco convencionales, y no siempre son una forma popular de enfocar la vida, el matrimonio y la crianza de los hijos. Yo le perdono si pone a un lado este libro ahora mismo. Pero si todavía siente curiosidad, siga leyendo. ¡Se alegrará de haberlo hecho!

Una oración por la autovaloración

Amado Dios:

Háblame en voz alta y revélame todas las imágenes limitantes que tengo en la mente. Reemplázalas con imágenes que te glorifiquen y representen adecuadamente todo mi potencial. Mejora la opinión que tengo de mí mismo y mi visión del futuro, de manera que nunca sienta la necesidad de proteger y preservar el pasado. Muéstrame cómo ser un mayordomo fiel de la única oportunidad que tengo de exaltar la grandeza que has puesto dentro de mí y de mostrar tu presencia en mi vida. Apártame de la complacencia y de cualquier tentación de conformarme con menos de lo que sabes que es lo mejor de mí.

97

¡Qué tremendo es que lo sepas todo en cuanto a mí y de todas maneras me ames! Al aceptar y experimentar tu gracia y misericordia, ayúdame a entender la profundidad y la perfección de tu amor como quedó demostrado por el sacrificio de tu único Hijo. Restáurame en este día y hazme íntegro y completo.

En el nombre de Jesús,

Amén

> ### Una cosa hago...
> A partir de hoy aumento mi potencial para el gozo al perdonarme y perdonar a los demás sin excepción ni reserva mental.

CAPÍTULO 5

¡ME ENOJAS TANTO!
Hágase cargo de su vida emocional

Si está angustiado por alguna cosa exterior, el dolor no se debe a la cosa en sí, sino a su valoración de la misma, y eso usted tiene el poder de cambiarlo.

Marco Aurelio

99

Mi objetivo al escribir este libro es ¡que usted experimente el máximo gozo! Creo que la mayoría de las personas aspiran a muy poco en la vida y reciben mucho menos de lo que Dios tenía en espera para ellas. ¿Y qué me dice de usted? ¿Está usted vivo por completo y absorto por completo en la oportunidad de sacarle el mayor provecho de su única vida? ¿Vive cada momento con el interés, el asombro y la emoción de un niño pequeño? La vida está hecha para ser una gran aventura para los pocos que se atreven a aprovechar cada día como si fuera el último.

Quiero estimularle a esperar más de sí mismo y de la vida. Esta es su única oportunidad; entonces, ¿por qué resignarse a algo menos que el gozo? Es probable que ya haya descubierto que soy un gran fanático de las normas altas. Todo progreso perdurable empieza con un reto a elevar la parada, aumentar la apuesta o recorrer una nueva senda. Y recuerde, el objetivo final, su gozo, *bendice a los demás.* Cuando se pone en práctica el Principio 4:8 y se vive con gozo, usted se fija en las posibilidades de los demás y no en sus defectos, y por lo tanto los trata con más paciencia y bondad. Y cuando usted de verdad está lleno de gozo, otros se sienten inspirados a buscar también esa fuente de gozo. Su gozo bendice a su cónyuge. Su gozo bendice a sus hijos. Su gozo bendice a sus amigos. Su gozo bendice incluso a sus adversarios. Su gozo bendice a toda la humanidad. Y su gozo tendrá consecuencias que afectarán a generaciones por venir. Su Padre que está en los cielos es un Dios de risa y gozo y regocijo. Si tiene en cuenta lo anterior, ¿qué le transmitirá al mundo y le revelará acerca de su fe una actitud mediocre? ¿Como puede glorificar a Dios una actitud aburrida, sombría o derrotista?

¿Cómo le va en esto? ¿Irradia usted un gozo inconfundible que no puede tener sino una sola fuente? ¿Puede imaginar alguna manera mejor de atraer a otros a Cristo que con una expresión ininterrumpida de gozo? ¿Puede haber alguna luz más atractiva que un gozo irrefrenable? Yo le exhorto a que considere cada día como una oportunidad irrepetible de mostrar al mundo la luz de su mayor potencial.

Con eso como meta, en este capítulo analizaremos uno de los obstáculos más significativos para experimentar el gozo: no hacerse cargo de su vida emocional o tener una mentalidad de víctima con respecto a las emociones. ¿Cuándo fue la última vez que oyó a alguien decir: «¡Me enojas tanto!»? Usé esa expresión como título para este capítulo porque es una frase común que ilustra muy bien una vida emocional privada de poder. Por supuesto, hay muchas variantes de esta frase. Puede llenar los espacios en blanco o sustituir palabras, pero siempre que transfiera la propiedad de su vida emocional a otra persona estará perdiendo poder sobre sus emociones. Estará perdiendo fortaleza emocional. En este capítulo y el siguiente, le daré algunos métodos prácticos para dominar su vida emocional y obtener más gozo. En la medida en que se familiarice con esos conceptos, tenga en mente que el progreso, y no la perfección, es el objetivo. Coloque el pensamiento de la perfección fuera de su mente y enfatice el mejoramiento diario.

Hay que adquirir fortaleza emocional

En las páginas que siguen quiero prepararle para que aumente su fortaleza emocional de modo que pueda vencer los sentimientos negativos que le merman su energía y minimizan su potencial para el gozo. La fortaleza emocional se refiere a tres cosas:

- Resistencia emocional
- Control emocional
- Dureza emocional

La fortaleza emocional alimenta su capacidad de experimentar plenitud de vida sin la interrupción de ataques prolongados de negatividad. Las actitudes grises se convierten en la excepción, no en la regla. Con la fortaleza emocional, los momentos de baja se ven a la luz de la verdad y se reconocen como lo que son en realidad. La fortaleza emocional no es negar nuestros problemas, sino reconocer un poder mucho mayor, **confirmar a Dios antes que confirmar sus tribulaciones.** El fundamento de la fortaleza emocional es el bienestar emocional, Cuando usted enfoca sus pensamientos en lo que es noble y bueno, como en el Principio

4:8, usted desarrolla la musculatura mental. Sin esa musculatura mental, inevitablemente tendrá grietas en su «cimiento» que frustrarán sus esfuerzos por vivir una vida llena de gozo. Y esa senda hacia la fortaleza emocional empieza en un cambio de enfoque. Cuando cambie su enfoque, cambiará su vida emocional.

La percepción es la realidad... ¿o no?

Las emociones son indicadores subjetivos de una experiencia objetiva. Por ejemplo, si está de excursión por un bosque y se tropieza con algo que cree que es una serpiente que está en el sendero delante de usted, reaccionará emocionalmente ante esa idea. Puede que sienta miedo y se detenga o vuelva atrás sobre sus pasos con rapidez. Sea cual sea su reacción, estará basada en cómo usted interpreta lo que está observando con sus sentidos.

> No es suficiente tener una mente buena. Lo principal es usarla bien.
>
> RENÉ DESCARTES

Imagínese que cuando da un paso atrás y mira un poco mejor, se da cuenta de que la «serpiente» no es más que una cuerda tirada en el sendero. Usted la percibió como una serpiente y luego sus emociones, seguidas de su cuerpo, reaccionaron ante lo que usted *creyó* que había visto. No importa que la soga tirada en el sendero no constituyera amenaza alguna: La percepción era la realidad. Usted creyó que era cierto. Interpretó mal como que la cuerda era peligrosa, y automáticamente reaccionó de acuerdo con esa percepción.

102

Es fácil hacer eso en todo tipo de situaciones, en especial con la gente que es importante en su vida. Por ejemplo, es bastante común que los esposos expresen irritación con las mismas cualidades de su pareja que les parecían tan atractivas cuando estaban noviando. A veces hace falta que un buen amigo que sea diplomático señale que la realidad no es lo que ha cambiado, sino la percepción. ¿Alguna vez ha pasado por eso? Recuerde: **cuando sus interpretaciones cambian, sus emociones cambian.** Eso significa que usted no es una víctima de sus emociones; puede darles forma de la misma manera que escoge pensar. Su tarea es mantener la espiral emocional apuntando hacia arriba. Su tarea es llegar a ser diestro para interpretar los hechos de su vida de manera tal que retenga el poder de mejorarlos.

Una vez, cuando yo tenía como doce años, la alarma de robos de mi familia se disparó alrededor de la medianoche. Yo estaba en casa con una de mis hermanas mayores cuando la sirena empezó a sonar. Azorados, pensamos durante unos treinta segundos que era una falsa alarma, hasta que el panel de control del sistema, mediante unos rayos infrarrojos situados en nuestro pasillo, indicó que un intruso se estaba moviendo por la casa. Aunque sabíamos que la policía estaba en camino, nos sentíamos aterrorizados. En un momento estuvimos ambos agachados junto a una puerta lateral, pensando si nos quedábamos en la casa o salíamos corriendo. Mientras la sirena sonaba y nuestros corazones se desbocaban, de pronto me di cuenta de algo importante: por error habíamos puesto la alarma en el régimen de «Vacía», que es el ajuste para cuando no hay nadie en casa. Recuerdo que me incorporé no muy audaz, apagué la sirena y le expliqué a mi hermana lo que yo pensaba que había ocurrido: Ella había bajado la escalera rumbo a la cocina y el rayo interior la había detectado. Cuando corrí por la casa buscándola, también me había detectado. *Nosotros* éramos los «intrusos» que se movían por la casa. Habíamos programado de manera incorrecta la alarma de robos, e hicimos que se disparara sin ningún motivo real.

Repito, esto es muy fácil hacerlo en nuestra vida emocional. Podemos programarnos sin querer para reaccionar de cierta forma, aunque la reacción no esté basada en la realidad.

Cuando usted reconozca que sus emociones no necesariamente están basadas en la verdad, *ya ese reconocimiento* reducirá el daño que pueda producir una emoción negativa. Nuestras emociones no son confiables por entero, ni pueden negarse sin más. No deben ser adoradas, pero tampoco ignoradas. Piense en las emociones como si fueran contadores bioquímicos que suministran información sobre su estado de ánimo actual. Las emociones le permiten sentir lo que está pensando en ese momento en particular. Son el vehículo a través del cual el gozo o el dolor se comunican. Las emociones negativas revelan que su salud mental sufre, igual que el dolor físico muestra que su cuerpo sufre.

Las emociones son un juego de pensamientos interconectados que se han intensificado por la repetición. Un pensamiento, positivo o negativo, que circula por su mente sin mucha sensación, no tiene mucho efecto sobre su cuerpo ni su conducta. Esos pensamientos fugaces no lo detienen, no lo derriban ni lo sacan de curso. Pero los pensamientos intensificados pueden hacer todo eso. Es por tal motivo que resulta muy prudente mantenerlos bajo control.

Así como usted puede controlar sus pensamientos, puede fortalecer su vida emocional. La mayoría de las personas tienen un enorme campo para mejorar esto.

¿Cuáles son sus metas emocionales?

¿Alguna vez alguien le ha preguntado por sus metas? Es probable que le hayan preguntado por sus metas económicas, sus metas de preparación física, sus metas espirituales e incluso por sus metas familiares. Pero ¿alguna vez le han preguntado por sus *metas emocionales*? Esas no deben dejarse al azar. Usted no puede darse el lujo de pasar por alto lo que se refiere a su bienestar emocional. Dele a su cerebro una intención específica y le hará bien. Alimente su cerebro con mensajes mezclados y le será un freno.

Como usted está leyendo este libro, asumo que tiene interés en lograr más gozo. ¿Cuáles son algunas de las emociones positivas que le gustaría sentir más a menudo? Si usted pudiera mover una varita mágica y mejorar su vida emocional de alguna manera específica, ¿cómo preferiría mejorarla? Conocer esas respuestas es lo que yo quiero decir cuando sugiero «metas emocionales». ¿Qué emociones quiere usted sentir con menos frecuencia o intensidad? Use las dos siguientes listas o *menús emocionales* para que lo ayuden a esclarecer sus metas:

POR LA PARTE NEGATIVA:

- Temor
- Resentimiento
- Aburrimiento
- Soledad

- Fatiga
- Inseguridad
- Culpa
- Depresión
- Ira
- Sobrecarga
- Confusión
- Agotamiento

POR LA PARTE POSITIVA:

- Gozo
- Emoción
- Contentamiento
- Confianza
- Paz
- Pasión
- Motivación
- Satisfacción
- Entusiasmo
- Temor reverencial
- Energía
- Gratitud

Haga un círculo alrededor de las tres emociones principales que usted quiera sentir más a menudo durante los próximos treinta días. Si las emociones que desea no aparecen en el listado anterior, haga el suyo propio. Después copie sus respuestas en el anverso de una tarjeta con el encabezado «¡Aumentar!». Luego seleccione tres emociones que quisiera sentir con menos frecuencia y cópielas en el reverso de la misma tarjeta, con el encabezado «¡Disminuir!». Quiero que use esa tarjeta como marcador de libro por el resto de este libro, de modo que pueda recordar sus intenciones. A medida que avance por los capítulos siguientes, podrá aplicar lo que esté leyendo a objetivos emocionales específicos. Por cierto, no puede

> **El gozo del Señor es vuestra fortaleza.**
> NEHEMÍAS 8:10

separar un análisis de su fortaleza emocional del análisis de su disciplina mental. En la siguiente sección de este capítulo aprenderá tres leyes prácticas y dinámicas que le ayudarán a guiar su vida emocional en la dirección deseada.

107

Un 30% de mejoría

Permítame hacerle unas preguntas extrañas. (Sé que son extrañas por las expresiones inusuales que he observado en los rostros cuando las he hecho en sesiones de orientación privadas.) **¿Qué tendría que ocurrir para que su vida emocional mejorara en un 30%? ¿Cómo influiría esa mejoría en el resto de su vida? ¿Cómo podría afectar su salud, su matrimonio, su papel de padre o su carrera?**

No estoy hablando de una mejoría de 50% ni de 100%. Mi consejo para usted, en este capítulo y el siguiente, es que empiece a dar pasos para mejorar la calidad de su vida emocional en un 30%. Sé que eso es imposible de medir con exactitud, pero le dará una visión alcanzable en cuanto a mejorar sus emociones. Es un esquema mental útil porque le reafirma que el progreso, y no la perfección, es la prioridad. Un 30% parece significativo, pero se puede alcanzar en un período de tiempo razonable. Le dejaré el plazo a usted, pero asegúrese de señalar un tiempo límite para evaluar su progreso.

El enfoque bien definido que está a punto de aprender a continuación lo he enseñado durante años en mi práctica de orientador. He recibido informes positivos constantes, tales como estos:

- «Al principio pensé que los demás habían cambiado. Luego me di cuenta de que era *yo* quien había cambiado».
- «Por fin reconocí mi papel en esta situación».
- «El hombre con el que me había casado regresó».

Imagínese por un momento la diferencia que pudiera marcar un avance emocional en la calidad de sus relaciones y en su búsqueda del gozo. ¿Valdrá la pena el esfuerzo? Creo que usted conoce la respuesta.

Puede controlar sus pensamientos; por tanto, puede mejorar de manera significativa su fortaleza emocional, incluyendo, por supuesto, su potencial de gozo. Nuestros sentimientos rara vez constituyen una guía confiable para tomar decisiones. La mayor parte del mundo quiere que usted crea lo contrario. La cultura popular nos alienta a obedecer a nuestras emociones, aunque estas con mucha facilidad pueden oscurecer nuestra capacidad de tomar decisiones sabias de las que estemos orgullosos cuando todo haya terminado. Casi no hay una semana sin

Las circunstancias visibles son el resultado de pensamientos invisibles.

que los titulares anuncien otra ruptura de celebridades, por lo general acompañada del anuncio de un publicista: «*Sintieron* que era hora de seguir adelante», «Perdieron lo que *sentían* el uno por el otro», o algo por el estilo.

Por desdicha, el resto de la población no se queda atrás. Maridos y esposas bien intencionados no entregan el amor y el respeto que juraron darse sin condiciones porque ya no *se sienten* motivados a hacerlo. Los adolescentes y adultos jóvenes basan en sus sentimientos las decisiones que darán forma a su futuro por tiempo indefinido. Los líderes de negocios *sienten* que deben adoptar comportamientos corruptos que los dañan a ellos, a sus organizaciones y a sus familias durante años. No tiene que ser así. Como sociedad, ¿buscamos el gozo donde no debemos buscarlo? Recuerde que, aunque los sentimientos fluctúan, las consecuencias perduran para siempre.

Las leyes de la fortaleza emocional

Para dominar su vida emocional debe entender tres sencillas máximas que le explican de manera concisa los procesos mentales de la salud emocional. Cuando uno opera en armonía con esas leyes, producirá de forma natural un clima emocional satisfactorio. No podrá evitar que lo descubran cuando viole esos principios (como puede hacerlo con las leyes humanas), aunque pueden pasar meses, e incluso años, antes que las consecuencias se dejen ver. Esas leyes interconectadas están influyendo de continuo en su carácter, su personalidad y su potencial para el gozo, ya sea que se dé cuenta de ello o no. Verá que estas leyes son fáciles de identificar y de usar para su provecho cuando usted se decida.

La Ley de la Atención

Este es el Principio 4:8 condensado: *Aquello en lo que usted insiste se convertirá en algo cada vez más importante en su mente.* Por ejemplo, mientras más enfatice en silencio su buena salud con sus pensamientos y en voz alta con sus palabras, más saludable se sentirá. Mientras más consciente esté de las cualidades positivas de su cónyuge, mejores y más fuertes serán sus relaciones. Mientras más atención dé a sus hijos, más influencia tendrá sobre ellos. Mientras más reflexione en las promesas de Dios, mayores serán sus convicciones espirituales. De manera inversa, mientras más recuerde una injusticia en particular, más molesto se sentirá. Su vida emocional podrá avanzar solo después que se retiren los pensamientos negativos. **Siempre se sentirá según aquello en lo que haga hincapié.**

Si hoy su vida emocional no está donde quiere que esté, su prioridad número uno será desviar su atención hacia sus bendiciones, sus fortalezas, y hacia los aspectos de su vida que estén funcionando. Resista el deseo de acelerar las espirales negativas con titulares negativos periódicos. Deje de hablar tanto de sus errores, contratiempos y decepciones. Niéguese a alimentar las emociones negativas al hablar todo el tiempo de lo que está mal en su matrimonio, su hijo mayor, la espalda que le duele, sus vecinos raros, y el mundo en general. En vez de eso, transmita sus bendiciones a todo el que lo escuche. Declare su visión a los amigos de confianza y aliados. Enfoque los reflectores de su atención hacia sus esperanzas y sueños, al gran y misterioso futuro que Dios tiene en espera para usted.

Piense en las noticias de la tarde. Aunque en el mundo suceden muchas cosas buenas y positivas, casi todo lo que las noticias de la televisión recalcan son cosas terribles que ya sucedieron. Es dudoso que se gane mucho al mirarlas, a menos que le motiven a emprender una acción productiva o le aumente su comprensión de acontecimientos importantes. Pero seguro que vale la pena evaluar la cantidad actual de malas noticias que uno digiere. Hasta los pronósticos del tiempo se inclinan a lo negativo. Imagínese que oiga decir que «Hay un 70% de probabilidades de sol mañana» en vez de «Hay un 30 por ciento de probabilidades de lluvia». ¡Se caería del sofá! Las noticias las presenta con un titular negativo, pero así no es como uno tiene que manejar la vida. Aunque siempre haya días nublados, no tiene que convertir las manchas en la esencia de su vida. Deje eso para los reporteros. Ese no es trabajo suyo.

111

La otra cara de la Ley de la Atención es que cualquier cosa en la que deje de pensar o a la que deje de prestarle atención tenderá a atrofiarse o salirse de su vida. Haga pasar hambre a la preocupación, al temor y la duda al negarles su atención. Recuerde que cualquier cosa a la que le preste atención la va a experimentar. Si tiene avidez por lo negativo, recuerde que eso no le va a producir nada positivo.

La Ley del Reemplazo

Eso significa que **usted solo podrá librarse de un pensamiento negativo cuando lo reemplace con uno positivo.** Si usted quiere, puede también eliminar los pensamientos positivos reemplazándolos con negativos. No sé por qué va alguien a querer tal cosa, pero esa opción, como usted quizá haya observado, parece que se practica mucho. La mente consciente puede ocuparse con un solo pensamiento a la vez, y ese único pensamiento estará en armonía con su potencial de gozo o no lo estará. Esta es una buena noticia, porque significa que uno puede trocar un pensamiento promedio por uno brillante o un pensamiento de temor por uno de coraje siempre que quiera.

Déjeme decirle lo que *no da resultado:* No puede eliminar un pensamiento peleando contra él ni tratando de bloquearlo. Resistir un pensamiento indeseable lo único que hace es atraparlo en una red y empujarlo a lo más profundo de la mente, lo que hace que lo distraiga más. Si está molesto con su cónyuge y trata de decirse que no debe estar molesto, seguirá enfocado en lo que le ofende y su estado de ánimo se mantendrá bajo o incluso empeorará. He aquí otro ejemplo: Si estamos jugando golf y yo le digo: «No piense en meter la bola en el agujero», claro que usted de inmediato empezará a pensar en hacerlo. Si dice: «No meteré la bola en el agujero», de todas formas estará pensando en eso, porque su cerebro encuentra muy difícil concentrarse en lo contrario de algo. La solución es desviar su atención hacia algo distinto por completo. Cuando usted cambia a un canal mental más elevado, reemplaza el canal anterior menos elevado.

Puede ejercer mucho mayor control sobre su pensamiento y su vida si reemplaza los pensamientos negativos y contraproducentes con pensamientos positivos que fortalecen. Los pensamientos de las trampas de arena y los obstáculos quedan reemplazados por pensamientos precisos de la parte del campo adonde quiere que su pelota llegue. Los pensamientos de descontento con su cónyuge quedan reemplazados por pensamientos de aprecio por la relación en general o gratitud por anticipado por el gran futuro que Dios seguro que ha planeado para los dos. Los pensamientos de audacia reemplazan a los de duda. Los pensamientos de ganancia desplazan a los de pérdida. **Los pensamientos productivos interrumpen los pensamientos improductivos.** Uno vence al mal con el bien. Y cuando ocupa su mente con la Palabra de Dios, avanza un largo trecho en lo que se refiere a liquidar la tentación. He aquí algunos versículos, además de Filipenses 4:8, que son muy útiles para mejorar su estado mental.

> Dios es nuestro amparo y fortaleza, nuestro pronto auxilio en las tribulaciones (Salmo 46:1).

> Me has guiado según tu consejo, y después me recibirás en gloria (Salmo 73:24).

> Fíate de Jehová de todo tu corazón, y no te apoyes en tu propia prudencia. Reconócelo en todos tus caminos, y él enderezará tus veredas (Proverbios 3:5-6).

> Tú guardarás en completa paz a aquel cuyo pensamiento en ti persevera; porque en ti ha confiado (Isaías 26:3).

> Venid a mí todos los que estáis trabajados y cargados, y yo os haré descansar (Mateo 11:28).

> El reino de Dios está entre vosotros (Lucas 17:21).

> Y conoceréis la verdad, y la verdad os hará libres (Juan 8:32).

113

El ladrón no viene sino para hurtar y matar y destruir; yo he venido para que tengan vida, y para que la tengan en abundancia (Juan 10:10).

La paz os dejo, mi paz os doy; yo no os la doy como el mundo la da. No se turbe vuestro corazón, ni tenga miedo (Juan 14:27).

Olvidando ciertamente lo que queda atrás, y extendiéndome a lo que está delante, prosigo a la meta, al premio del supremo llamamiento de Dios en Cristo Jesús (Filipenses 3:13-14).

Todo lo puedo en Cristo que me fortalece (Filipenses 4:13).

No nos ha dado Dios espíritu de cobardía, sino de poder, de amor y de dominio propio (2 Timoteo 1:7).

Líbrese de la necesidad de aferrarse a pensamientos que no han funcionado bien en su vida. Si quiere lograr el control emocional, primero tiene que lograr el control mental. Con el Principio 4:8, este hábito mental se convertirá en su segunda naturaleza.

La Ley de la Reversibilidad

Esto se refiere a la capacidad que Dios le dio de producir sentimientos como resultado de un comportamiento deliberado. **Uno de los métodos más efectivos y menos utilizados para mejorar la vida emocional es comportarse según los sentimientos que usted más desee.** Si no siente todo el gozo, pasión o satisfacción que quisiera, actúe hasta lograr esas emociones superiores al comportarse y pensar de maneras que correspondan con su objetivo emocional. La mayoría de la gente se resiste a esta opción, debido a que se les ha acostumbrado a pensar que las emociones positivas deben aparecer de manera natural. Algunos razonan que, si uno tiene que luchar con ellas, no son genuinas. Si es auténtico, debe ser automático, ¿verdad? Unos cuantos de mis estudiantes me han dicho incluso que se habían sentido como si fueran falsos o se mintieran a sí mismos al actuar mejor de lo que se sentían en ese momento.

115

Puedo entender esas reacciones, pero una cosa es cierta: **Si excluye la opción de aparentar hasta llegar a sentirlo, quedará condenado para siempre a disfrutar solo de las emociones positivas que surjan espontáneamente.** Sin embargo, cuando haya decidido que obedecer a las Escrituras y realizar su potencial completo dicta un comportamiento particular, «aparentar hasta llegar a sentirlo» no es más que una disciplina que armoniza su comportamiento con sus valores. Dios ha puesto en todos nosotros ese poder de cambio, aunque en el momento uno no se sienta cómodo con eso. Piénselo. Cualquier comportamiento nuevo se siente un poco artificial hasta que nos acostumbramos a él. Hasta usar un par de zapatos nuevos requiere un período de adaptación para que uno los sienta bien.

A aquellos que se sienten como si estuvieran mintiendo cuando se comportan mejor de lo que sienten, déjenme decirles que hay una gran probabilidad de que sus emociones negativas, y no las positivas, estén arraigadas en algo falso. De eso hablaremos más en el siguiente capítulo.

Permítame ilustrar la ley de la reversibilidad. Piense en un momento en que usted al principio no haya tenido deseos de hacer algo. La mayoría de las personas pueden recordar haberse sentido muy mal de vez en cuando al levantarse. Sin embargo, a los nueve o diez minutos de estar en pie se sienten completamente bien, incluso sin cafeína. Es la ley en acción. Como otro ejemplo, casi todo el mundo ha tenido la intención de hacer ejercicios, sin que lo acompañe un sentimiento de entusiasmo. ¡A mí me ha pasado! He aprendido a atravesar esa muralla manteniéndome en movimiento. Ya el hecho de ponerme la ropa de hacer ejercicios me mantiene el impulso. Después, el calentamiento me acerca un poco más al sentimiento que estoy buscando. Ya cuando estoy en la estera de caminar, siento deseos de hacer ejercicios, y en diez o quince minutos me siento apenado de que haya estado tan cerca de sabotear mi entrenamiento. Me obligo a actuar de una manera consecuente con los sentimientos que tengo en ese momento en particular.

Recuerdo una vez, hace unos años, en que recibí una llamada de mi esposa en mi celular cuando había salido de la oficina. Me pedía que le hiciera unas gestiones en camino a la casa. Después que le dije lo cansado que estaba, a duras penas me dejó en libertad y salí rumbo a casa. Un par de minutos después, recibí la llamada de un amigo que me invitaba a compartir con él unos asientos de primera fila en un juego de hockey de los Thrashers de Atlanta. De repente tuve mucha energía. Pero ¿cómo le iba a explicar eso a Kristin? Le menciono este ejemplo porque demuestra que nuestra capacidad de simular hasta llegar a un sentimiento está restringida *solo* por nuestra motivación de hacerlo. Yo reforcé mis sensaciones de fatiga cuando pensé en el fastidio de los mandados, pero segundos más tarde sustituí la sensación de fatiga por la visión del juego de hockey.

> La lámpara del cuerpo es el ojo; cuando tu ojo es bueno, también todo tu cuerpo está lleno de luz; pero cuando tu ojo es maligno, también tu cuerpo está en tinieblas.
> Lucas 11:34

Cuando usted tiene una razón motivadora, puede alcanzar las metas emocionales. Puede sentarse a esperar que esos sentimientos se desencadenen desde el exterior, o puede comportarse de manera que esas bendiciones lleguen ahora. Incluso la propia palabra *emoción* es 86% *moción* [movimiento]. Eche otro vistazo y descubrirá el secreto de la reversibilidad.

Cuando actúe de una forma que sea agradable a Dios, se verá recompensado con los frutos emocionales que desea. Cuando sienta una determinada emoción, puede hacerse varias preguntas: *¿Es esto útil para mi visión y para el potencial que Dios me ha dado? ¿Refleja esta emoción la realidad o un pensamiento perezoso? ¿Puede ser resultado de la fatiga, de un estado de ánimo desubicado o de una razón desconocida? ¿Es esta una emoción dirigida hacia la meta o es una emoción que aparta de la meta? ¿Me acerca este sentimiento a mi máximo potencial de gozo y éxito, o me lleva en otra dirección?*

Es un verdadero paso de fe actuar de una manera consecuente con lo que usted quiere sentir, pero, ¡piense en la alternativa! Reconocer la Ley de la Atención, la Ley del

117

Intercambio y la Ley de la Reversibilidad es un primer gran paso en su jornada hacia la fortaleza y el bienestar emocional.

Para concluir este capítulo y prepararle para el siguiente, quiero que piense en una olla de agua que arde en una estufa. Piense que el agua hirviente son sus emociones negativas. Si echa una carga de hielo en el agua hirviente, dejará de hervir, pero solo por un tiempo, porque la fuente de calor sigue presente. En esta ilustración la fuente de calor son sus patrones erróneos de pensamiento que se han vuelto automáticos con el transcurso del tiempo. Para detener la negatividad y enriquecer su potencial de gozo, tendrá que disponer de mucho «hielo» o corregir el pensamiento negativo. El hielo puede tener diferentes formas: comida en exceso, televisión, alcohol, drogas, quehaceres permanentes o escapes físicos. Todos esos enfrían el agua por un momento, pero no hacen nada por eliminar la causa del calentamiento. Incluso cuando usted «deja escapar el vapor» quitando la tapa, lo único que hace es evitar que el agua se derrame al hervir y forme un desastre.

En el siguiente capítulo se asomará debajo de la olla y buscará la fuente de calor. Sospecho que ya sabe lo que es. He aquí una pista: no lo instaré a desenterrar el pasado ni a resolver asuntos de su niñez. Mas bien lo voy a equipar para que lidie con sus emociones *hoy* y que pueda cosechar más gozo *mañana*.

Una oración por la fortaleza emocional

Padre:

Gracias por la aventura de mi vida y por estar conmigo en cada paso del camino. Evita que mi mente se concentre en lo malo de las personas y las circunstancias, y en su lugar ayúdame a enfocarme en lo que hay de correcto, excelente y digno de alabanza. Muéstrame cómo pensar en tu poder de modo que no piense de manera negativa en mis problemas. Inspírame para interpretar las condiciones que enfrento de forma que siempre mantenga la capacidad de mejorarlas.

Te alabo por darme el dominio de mi vida mental y, por lo tanto, de la calidad de mis emociones. Protégeme de actuar en base a sentimientos que no estén acordes con tu Palabra. Sé que la obediencia a tus principios es el único camino hacia la salud emocional, la vitalidad y el gozo abundante. Igual que los higos no se producen en los espinos, sé que las circunstancias negativas no vienen de los pensamientos positivos.

Enséñame a actuar de una manera coherente con el gozo incontenible. Concédeme el coraje de actuar de la manera que lo haría si estuvieras físicamente en mi presencia y me alentaras.

Gracias.

En el nombre de Jesús,

Amén

Una cosa hago...

A partir de hoy, aumento mi potencial para el gozo dejando morir de hambre la preocupación, el temor y la duda, y no alimentarlos más con mi atención ni conversación.

CAPÍTULO 6

JUEGOS MENTALES
Mate de hambre a las emociones negativas

No es mentira si usted se lo cree.
GEORGE COSTANZA de la serie de televisión *Seinfeld*

Una fábula clásica empezaba con un abuelo que le contaba a su nieto de los dos lobos que batallaban dentro de su corazón.

—Uno es sabio y amable, y el otro es malvado y cruel —dice el abuelo.

—¿Cuál de ellos ganará? —pregunta el nieto.

Y el abuelo le contesta:

—El que yo alimente.

En el capítulo anterior analizamos cómo el encargarnos de nuestra vida emocional puede aumentar nuestro potencial de gozo. Cuando nuestros pensamientos son saludables y positivos, las emociones lo serán. En este capítulo analizaré las formas más comunes en que alimentamos las emociones negativas y algunas estrategias poco comunes para matarlas de hambre.

Un animal en el bosque

Pensamos de dos maneras fundamentales. La más común es reaccionar al mundo que nos rodea como reacciona un animal del bosque a un ruido o a una amenaza.

Con frecuencia reaccionamos ante una cosa que dice alguien o ante una experiencia que podamos tener.

Reaccionamos con un pensamiento específico que, si persiste, generará una emoción, seguida de una acción correspondiente a esa emoción. Si interpretamos la situación de manera negativa, la emoción resultante es muy probable que sea contraproducente. El comportamiento quizá nos aparte de lo que queremos, aunque pueda parecer correcto y justificado en ese momento. Esos reflejos emocionales con rapidez se convierten en hábitos mentales.

La otra forma en que podemos desencadenar los pensamientos es intencional. Podemos elaborar un listado de cosas «por pensar», como el que da Pablo en Filipenses 4:8, o podemos tomar prestado el suyo. Podemos decidir que los pensamientos amables, virtuosos, puros y excelentes son constructivos y que son el tipo que queremos pensar de manera regular. Al escoger de manera deliberada los Pensamientos 4:8, se produce la vida emocional que deseamos. Ellos estimularán los estados de ánimo positivos, y esos estados de ánimo acelerarán nuestras acciones coherentes con los objetivos e ideales que nos son más importantes.

Usted puede crear un *círculo virtuoso* como este si está bien claro con su visión personal y armoniza su comportamiento con ella, produciendo entonces las bendiciones emocionales que desea. La alternativa es rendir su vida emocional a los acontecimientos del día y vivir en un suspenso constante, actuando de acuerdo con sus ideales solo cuando *sienta deseos* de hacerlo. Entienda que su fortaleza emocional está directamente relacionada con sus decisiones morales. Las decisiones que toma y que violan la verdad bíblica invitan a la discordia emocional, aunque en primera instancia produzcan un gozo falso. Esa deuda emocional deberá siempre pagarse con intereses. Pero cuando usted se comporte de formas que agraden a Dios, se verá premiado con el fruto emocional que su alma desea. Cuando viva con un propósito, piense lo correcto, sirva con generosidad y perdone con rapidez, estará sentando las bases de la victoria emocional. He encontrado muy reconfortante recordarme en repetidas ocasiones que las emociones negativas no son la voluntad de Dios para mi vida.

Puedo ofrecer estrategias específicas para entendérselas con las emociones negativas, de modo que usted se acerque a una vida llena de gozo. Como entrenador suyo, mi meta es ayudarle a alcanzar este objetivo. Pero primero usted tiene que llegar a entender esta pregunta fundamental: *Si el asunto es escoger entre alcanzar todo su potencial o experimentar la emoción negativa que cree merecer, ¿qué escogería?*

Todos hemos estado en situaciones en que casi hemos disfrutado el revolcarnos en emociones negativas. Seguimos airados con el chofer que se nos atravesó... mucho después que se ha perdido de vista; alimentamos un rencor contra alguien que dijo algo doloroso, o nos enfurruñamos porque nos han disgustado. Pero ¿cuál es el resultado final? ¿Acaso alimentar y actuar en base a una emoción negativa nos acerca a nuestro bien supremo? Esa emoción negativa ¿bendecirá a los que nos rodean? ¿Nos ayudará a alcanzar nuestras metas? En una pelea matrimonial, por ejemplo, ¿el objetivo es tener la razón o ser feliz?

¿Cuál es su meta?

Yo bombardeo a mis clientes con esta pregunta con el único propósito de mejorar su toma de decisiones espontánea. Su meta debe operar como un filtro que elimina las palabras, comportamientos y otras reacciones emocionales que

123

se le opongan. Como padre, por ejemplo, sus reacciones emocionales pueden ser moderadas por una estrategia de paternidad bien delineada, como comunicar a sus hijos amor y no impaciencia; eso excluye las reacciones paternales irresponsables, por justificadas que parezcan.

Claro, usted tendrá motivaciones negativas en su vida de vez en cuando. Por dicha, para esta creación suya tan querida Dios ha provisto un pequeño margen de oportunidad. Este minúsculo espacio de tiempo entre el estímulo y su respuesta le da una oportunidad de pensar antes de reaccionar. Eso no solo conformará su potencial para el gozo, sino también su destino como ser humano.

Juegos mentales

Hacemos toda clase de tonterías que alimentan nuestras emociones negativas. Como resultado, terminamos teniendo más de *lo que no queremos tener*. Distorsionamos las cosas, exageramos las cosas, amplificamos nuestras experiencias de la vida y después escogemos cosas malas para estar pensando en ellas. Filipenses 4:8 nos dice con claridad *lo que debemos hacer:* Debemos pensar en «todo lo que es verdadero, todo lo honesto, todo lo justo, todo lo puro, todo lo amable, todo lo que es de buen nombre; si hay virtud alguna, si algo digno de alabanza». Pero, con frecuencia, pensamos en todo lo contrario de lo que Pablo dice en este extremadamente práctico pasaje del Nuevo Testamento. Cuando uno se encuentra en una baja emocional, puede estar seguro de que ha estado pensando en lo que no sirve. En este estado decaído, la mente hace trucos. Si quiere implementar el Principio 4:8, es muy importante que empiece a prestar atención a sus emociones y lo rápidas que van en espiral hacia arriba o hacia abajo. Esta conciencia incrementada lo transforma de pasajero en chofer de su vida emocional. Solo cuando usted se dé cuenta de los cambios de su vida emocional podrá empezar a levantarse por encima de las opciones pasivas que alimentan a las emociones negativas.

Algunos pensamientos negativos sobresalen más que otros. Esos «pensamientos horribles», que son como ratas, aterrorizan su potencial de gozo. En esta sección le enseñaré a descubrirlos, para que tenga listo un plan de contraataque. El propósito de analizar estas «ratas» es estimular su conciencia, lo cual debilitará las garras de la negatividad. Después que identifiquemos las más comunes, le mostraré cómo interrumpirlas, contradecirlas y a continuación desviarlas. Tenga en mente que esas «ratas» subrayan *patrones de pensamiento* pervertidos, no gente pervertida. Vea si se indentifica con alguno de los pensamientos que se describen a continuación.

125

Los **amplificadores** exageran situaciones desagradables con el uso recurrente de palabras radicales como *siempre, nunca, nadie* y *cada vez*. Casi nada en la vida cae dentro de esas categorías excesivas. Con frecuencia, estos amplificadores aparecen en el matrimonio y la crianza de los hijos. Aparte de que son distorsiones, esas declaraciones hacen que los involucrados caigan por debajo de la zona de gozo.

Los **sentimentales** aceptan los sentimientos negativos como ciertos, sin cuestionarlos. A veces sus emociones negativas revelan una deficiencia en ellos o en otra persona, pero a veces no. A menudo, lo que sienten es una distorsión. A veces no es objetiva, y refleja la calidad de sus pensamientos más que la calidad de su experiencia en la vida. Aunque los sentimientos son importantes, ¡no son un sustituto de la verdad!

Los **adivinadores** se creen que saben lo que las demás personas están pensando, y asumen lo peor por anticipado. Eso con frecuencia desencadena una respuesta emocional de la otra persona, que a su vez lo pone a uno a la defensiva. El ciclo que se inicia no es muy gozoso.

Los **exagerados** transforman los hormigueros en montañas con palabras desencadenantes como *horrible, peor, arruinado, pasmado, devastado, conmocionado* e *indignante*. Suelo llamarlo «tremendizante» o «Síndrome de la Reina del Drama».

Los **identificadores** inyectan a los eventos inofensivos un significado personal. Exageran la manera en que el evento tiene que ver con ellos. Toman las cosas demasiado a lo personal e interpretan los acontecimientos negativos como ataques personales. Por ejemplo, si se me atraviesan en la autopista y me derramo el café en las piernas, puedo reaccionar como si el otro chofer hubiera salido a hacerme daño. De momento actúo como si creyera que el otro chofer hubiera conspirado con cuidado para estar justo en ese punto de la interestatal, en el ángulo preciso para meterse delante de mí. Una vez que identificó mi carro pensó: «*Ah, ese es Tommy. Voy a agarrarlo*» y entonces condujo frente a mí a propósito. Todos nos hemos irritados con una situación como esa, ¿verdad?

Los **pronosticadores** predicen las peores variantes, con frecuencia en alta voz y por lo general antes de que tan siquiera hayan empezado a participar en una actividad, resolver un problema o involucrarse en una conversación importante.

Los **mal pensados** tienen maña para hallar algo malo, incluso si es la *única cosa*. A pesar de lo bueno, usan el radar mental para ver lo malo. Como siempre habrá alguna dosis de cosas malas, los cínicos siempre podrán justificar su punto de vista. Su recompensa es que sufren más. En el retiro de parejas del Club 1% lo planteamos así: Su cónyuge tiene diez cualidades positivas y diez cualidades no tan positivas, *y usted también*. Pero la experiencia que tenga con su pareja dependerá de cuáles características usted enfoca la mayor parte del tiempo.

Los **acusadores** apuntan con el dedo a alguien para culparle de sus problemas, aunque es raro que los problemas los causen otros. Como es lo opuesto a la responsabilidad, la acusación es muy popular porque lo exonera a uno por un tiempo. Le da un ajuste emocional a corto plazo; se siente mejor por ahora. Sin embargo, culpar a otros es al final inmovilizante. Lo hace retroceder a una y le corta las piernas a su potencial de gozo. La acusación es como una bomba sucia emocional.

Los **justificadores** se recuerdan todas las razones por las cuales tienen derecho a esta emoción negativa o a aquel estallido negativo. Al perder de vista su visión, los justificadores abogan por su propia negatividad. Eso se manifiesta en expresiones como «¡Si supieras lo que me hizo!» o «Tengo por qué estar molesto».

Ese no es precisamente el material del que está hecho el gozo, ¿no es cierto? Ahora que sabe lo que son las «ratas», le mostraré cómo exterminarlas y poner fin a los juegos que desatan en su mente.

Matemos de hambre las emociones negativas

Cuando uno se las tiene que ver con emociones negativas, tiene un par de opciones básicas: Puede suprimirlas manteniéndolas encerradas en usted, y al final terminará exasperado. O puede expresar su negatividad a los que le son más cercanos (cercanos por proximidad o por relaciones) y exasperarlos en un plazo corto. Mucha gente cree que esas son las dos únicas opciones. En otras palabras, para la mayor parte de las personas que usted conoce, *la supresión y la expresión son las únicas herramientas que hay en la caja emocional.* Como dice un viejo dicho: «Si la única herramienta que tienes es un martillo, todo empieza a tomar forma de clavo». ¿Hay alguna otra forma de manejar con efectividad las emociones negativas? ¿Hay algunas otras herramientas disponibles? La respuesta es un rotundo ¡sí!

Para llevar una vida de *gozo máximo* tiene que aprender a *reducir al mínimo* las emociones negativas, para que no dominen su vida. Imagínese que a una pequeña fogata se le arroja un cubo de tierra. Al instante se sofoca. Ahora piense en su actitud antes de extinguirla. Primero usted tuvo deseos de apagar el fuego, quizá porque abandonaba el campamento o porque se iba a dormir. Después tomó la decisión de hacerlo. Por último, emprendió la acción. Si su intención era apagar el fuego, nunca hubiera pensado en echar otro tronco ni en rociarlo con gasolina.

Las emociones negativas funcionan en cierta forma como la fogata. ¿Cómo las «apaga»? Las extingue con pensamientos constructivos y positivos. Se niega a alimentarlas con la clase de atención que las haría convertirse en un llameante infierno. Una alternativa sería sacar la lata de gasolina, derramarla sobre su vida mental y agravar la situación con hábitos mentales inflamatorios, arranques emocionales y decisiones tontas. Pero ¿por qué va a hacer eso? Si tiene deseos de matar de hambre las emociones negativas, y ha tomado la decisión de hacerlo, he aquí lo que puede hacer:

1. Puede reconocer sus emociones negativas. Dios no quiere que esté en un constante dolor emocional, de la misma manera que no quiere que esté en constante dolor físico. Su estado natural, tanto físico como emocional, es de salud, armonía y equilibrio. El dolor físico indica que hay una herida o desequilibrio que hay que tratar. Lo típico es que cuando usted siente dolor usted reconoce esas señales corporales y actúa para corregirlas. Nunca pensaría seguir corriendo por la pista si tiene una rodilla hinchada. No obstante, en el aspecto emocional, a menudo usted ignora señales similares y continúa pensando y comportándose como antes.

Es tratar la emoción negativa como trataría una señal de advertencia en la pizarra de su auto. Si no le hace caso a la luz indicadora, estará buscándose un problema mayor en el camino. Si no la atiende, la advertencia seguirá en el frente y el centro dondequiera que vaya. Una vez que la reconoce y lleva el auto a que se lo revisen, podrá descubrir si es un problema real o una falsa alarma. Hará la reparación necesaria y la luz de advertencia desaparecerá. De la misma manera, usted puede desactivar sus emociones negativas al reconocer su presencia. Determine si algunas necesidades críticas se han quedado sin satisfacer o si es una falsa alarma.

2. Puede colocar las emociones negativas en su lugar. Una forma de hacer esto es cuestionar su autenticidad. Cuando usted esté consciente de una emoción negativa, dígase: «Esto es nada más que la manera en que me siento. No es por necesidad la verdad. No tiene que dictar mi comportamiento». Los sentimientos no son el evangelio y rara vez las Escrituras las citan como la base para emprender una acción. Si se les deja sin atender, sus sentimientos tenderán a arrastrarle a lo peor de la naturaleza humana, que es desviar la atención del largo plazo al corto plazo. En vez de permitir a sus sentimientos que lo guíen en sus decisiones, permita que la Palabra de Dios sea su brújula. El cumplimiento de los principios de Dios es el secreto eterno, y rara vez discutido, de tener emociones positivas permanentes. Si está prisionero de la forma en que el mundo quiere que sienta y se comporte, deberá además soportar la montaña rusa de las emociones negativas que se corresponden a tal filosofía. Póngalas en su lugar, para que se dé cuenta de que no son la base de sus decisiones.

> [Derribemos] argumentos y toda altivez que se levanta contra el conocimiento de Dios, y [llevemos] cautivo todo pensamiento a la obediencia a Cristo.
>
> 2 CORINTIOS 10:5

3. Puede tomar posesión de las emociones negativas. Diga: «La culpa es mía». La buena noticia es que ni siquiera tiene que creer esto del todo. Al afirmar «La culpa es mía», incluso si tiene que apretar los dientes para decirlo, usted desinfla las emociones negativas por la vía de la Ley del Intercambio (solo puede eliminar un pensamiento negativo si lo reemplaza con otro positivo). Esas cuatro palabras, *La culpa es mía,* perforan la ilusión de la culpa y retienen el oxígeno emocional que necesita para sobrevivir. Aceptar la culpa significa que usted responde con madurez, de una manera que le mantiene más efectivo y creativo. En ese estado de ánimo productivo, usted es capaz de ver las situaciones y soluciones de una manera más clara. Pero sepa: Es tan sencillo que muchas personas no quieren probarlo. No obstante, le exhorto a que lo haga. Incluso si no resiste la idea de sentirse culpable de la situación en que se encuentra, de todas formas será responsable de lo que haga al respecto. Usted es responsable de su reacción y de si mejoran o empeoran sus circunstancias.

En el momento en que deje de culpar a otros, estará en el camino de una mayor salud emocional. Cuando algo salga mal en su mundo, debe resistir la tentación de apuntar con el dedo en cualquier dirección que no sea hacia usted mismo. La tendencia común en nuestra sociedad es culpar a los acontecimientos de hacernos sentir y actuar de la manera en que lo hacemos. Siempre que se sorprenda andando por ese camino trillado, active la Ley del Intercambio y dígase: «*La culpa es mía*». Las primeras veces que se lo diga puede que ni *sienta* que es cierto. Siga así y repítalo, porque usted sabe que es la verdad espiritual.

Relájese, que usted no está aceptando culpabilidad legal de las situaciones negativas. No está diciendo que ninguna otra persona ha contribuido al problema. Lo que hace es rehusar que lo lleven a un nivel inferior a causa de lo que hace otro. No deje que ninguna otra persona determine su estado de ánimo. La vida es demasiado corta para eso. Cuando usted piensa o dice las palabras *La culpa es mía,* estas bloquean las demás frases negativas y les impiden invadir su mente y tomar el control de su disposición. La próxima vez que empiece a sentirse negativo, repita estas muy molestas palabras. Dígaselas: *La culpa es mía.* Dígalas en voz alta si puede. Bien pronto esos pensamientos negativos y supresores de gozo no se sentirán bien recibidos en su casa mental. Se irán y encontrarán a otra persona que los acoja.

4. Puede matar de hambre las emociones negativas si se fija en el panorama general. Retroceda un poco y recuérdese lo que es importante de verdad. Un cambio de perspectiva puede crear en poco tiempo un cambio en el corazón. Si yo tuviera la oportunidad de reunirme con usted como instructor suyo, le preguntaría:

- ¿Cuál es su meta aquí?
- ¿Qué solución desea para esta situación?
- ¿Cuál es su visión?
- El estado negativo en que se halla ahora ¿le moverá en esa dirección o en otra?

Después deberá hacerse estas preguntas:

- ¿A dónde se encamina esta situación? ¿Está bien eso?
- ¿Qué es lo que quiero crear?
- ¿Qué es lo más importante aquí?
- ¿Cómo afectará mi negatividad estas relaciones?
- ¿Está aquí en juego mi integridad?
- ¿No será más importante mi salud que demostrar que tengo razón?

Cuando usted renuncia al derecho a tener la razón, aumenta sus opciones y siente gozo en vez de angustia. Solo después de ver al final el cuadro general es que podrá entender por completo que la situación negativa que veía antes era solo una parte del total.

5. Puede descartar ese pensamiento. Puede negarse a seguir

Cuando cambie su enfoque, ¡cambiará su vida!

con pensamientos negativos. Puede rehusar recalentarlos, rememorarlos o adorarlos de alguna otra forma. Adviértase que no descartar los pensamientos negativos es como preferir *beber el veneno*. Es irónico, pero cuando uno lanza veneno emocional hacia otra persona, sea de manera verbal o silenciosa, uno es quien recibe la dosis más fuerte. Por injusto que parezca, es una verdad que hace recapacitar. Cualquier cosa que exprese a los demás quedará impresa en usted mismo. En lugar de permitir que le afecten los pensamientos negativos, puede matarlos de hambre con solo dejarlos escapar.

133

Ya usted tiene mucha experiencia en hacer esto. Permítame explicarle. Seguro que en muchas ocasiones ha tenido un pensamiento que le distrae en medio de una reunión de negocios o quizá en una comida romántica con su cónyuge. Quizá pensó en un correo electrónico que tenía que responder o en los planes de transporte compartido por las mañanas. Como se dio cuenta enseguida de que el pensamiento era inapropiado, lo abandonó y continuó con su actividad. Sé que muchas veces he estado en el cine con mi familia y he pensado en ciertas obligaciones o asuntos pendientes que han saltado a mi mente. Me digo: «*Este no es el momento. Puedo resolver eso el lunes*». Esa pequeña conversación desplaza al pensamiento perturbador casi al momento. Ha hecho eso mismo muchas veces porque deseaba hacerlo o porque creyó que era lo correcto. De hecho, usted está siempre cambiando los engranajes mentales, pero ese cambio ocurre en lo fundamental como un reflejo, no por una intención deliberada.

Recuerdo haber estado en medio de una pequeña discusión con mi esposa, hace algunos años, cuando de repente escuchamos lo que parecía ser nuestro hijo de cuatro años que se caía de la cama con un sonido fuerte, seguido de un inolvidable llanto. De inmediato interrumpimos la negatividad y pasamos nuestra atención a nuestro niño, y así, sin darnos cuenta, activamos la Ley del Intercambio. Usted y yo podemos hacer eso cada vez que queramos.

A veces parece que creemos tener derecho a pensamientos negativos. En vez de descartarlos, los acogemos. No nos beneficia en nada hacer eso. Puede dejar los pensamientos en el momento en que quiera; de hecho, ¡le doy permiso para que lo haga! Como me dijo uno de mis instructores: «Ese pensamiento no está amarrado a ti, Tommy; no lo tienes encolado. No es más real que el sueño que tuviste anoche». Es solo el poder del hábito lo que nos hace encerrarnos en lo negativo y dejar lo positivo.

Mucha gente no quiere oír esto porque se han acostumbrado a descargar o expresar de vez en cuando su negatividad contra otra persona. Algunos defienden eso de desahogarse porque deja escapar el vapor negativo que se ha estado acumulando. Pero ese beneficio catártico a menudo queda contrarrestado por la consecuencia imprevista de pasarle el vapor a otra persona, que por lo general, es una persona que queremos. Cuando más, el beneficio terapéutico de desahogarse uno tiene poca duración. La emoción negativa que supuestamente fue liberada asoma de nuevo su fea cabeza cuando un nuevo hecho la incita. En el peor de los casos, una relación importante se daña sin que se resuelva la fuente de la negatividad.

¿Qué es lo que sucede después de desahogarnos que nos da ese alivio? Después que la persona se desahoga, abandona el pensamiento y se siente satisfecha. ¿Es desahogarse un requisito necesario para abandonar el pensamiento? ¿Podría obviarse el drama de desahogarse? Quizá el desahogarse sea solo un ritual popular aprendido que nos ayuda a desechar los pensamientos negativos. ¿Y si usted pudiera romper la cadena al inicio? Puede decir: «No vale la pena». Podría decir: «Tengo la culpa». Podría darle a la otra persona el beneficio de la duda. Si va a abandonar el pensamiento al final, ¿por qué no lo abandona al principio, se relaja un poco y evita dañar una relación? Vale la pena pensarlo. Cuando usted desecha un pensamiento negativo, previene un arrebato emocional. Al dominarlo al inicio, usted se mantiene en un estado de ánimo imaginativo, y tiene las mejores posibilidades de resolver los problemas, enfrentar el estrés y vencer los desafíos.

6. Puede retirarse. A veces, cuando se halla decaído, la causa es un completo misterio. No puede señalar nada específico que sea lo que le esté molestando. En otros casos la causa es bien obvia. Acostumbrarse a reconocer esos estados de ánimo deprimidos es un talento que vale la pena desarrollar. Si usted no se da cuenta de su estado de ánimo negativo, los pensamientos, palabras y acciones que le siguen pueden alimentar con rapidez una espiral negativa. La misma le consumirá tiempo, energía y voluntad significativos para poder recuperarse. En esas situaciones es prudente considerar la opción de una retirada temporal.

> En quietud y en confianza será vuestra fortaleza.
>
> Isaías 30:15

Permanecer en la presencia de los demás puede echar leña al fuego sin querer. Una retirada breve, en especial cuando se trata de personas que uno quiere, permitirá que la sabiduría de que «esto también pasará», demostrada a través de las edades, entre en acción y obre a su favor. Recordarse a usted mismo esta verdad espiritual le dará una visión de final y debilitará la influencia de las emociones negativas. Le dará algo en qué poner su esperanza, un tiempo para practicar su fe.

De vez en cuando hallará beneficioso retirarse, cerrar la puerta, estar solo y dejar que el fuego de las emociones negativas se extinga por sí solo. De niños, la mayoría hemos experimentado este proceso cuando nos mandaban para nuestro cuarto a sosegarnos. Sin embargo, puede ser que usted haya olvidado cómo es esto, a no ser que todavía viva con sus padres. Aunque retirarse puede ser que no resuelva la situación, limita el daño *porque le protege de usted mismo*. Cuando se siente mal o negativo, la información que trasmite su cerebro se distorsiona hasta un punto. Confiar en esta información defectuosa conduce solo a tomar decisiones pobres que empeoran la vida. Al pasar la nube negativa, las soluciones son mucho más evidentes.

7. **Puede practicar la compasión.** Esa es la estrategia perfecta para mantenerse en la zona de gozo, sobre todo cuando se trata con otras personas. En vez de suprimir o expresar las emociones negativas, puede mostrar compasión

hacia la persona que parezca ser la fuente de la negatividad, incluso si es usted. ¿Cómo se logra eso?

Asuma que las otras personas están luchando o se sienten adoloridas. Si no fuera así, no estuvieran actuando de manera tan negativa, ¿verdad? Por lo tanto acepte amablemente lo que le dicen. Adoptar esta perspectiva inusual nos ha ayudado mucho a mis clientes y a mí. ¿Es siempre correcta esta interpretación? Es probable que no, pero ¿qué daño hace?

He aquí otras preguntas mucho mejores que se pueden hacer cuando se vea inclinado al pensamiento negativo: ¿Es esta una idea útil? ¿Es una idea que me va a ayudar a sentir gozo? ¿Me hará ser más comprensivo? ¿Me ayudará a llevarme mejor con los demás? ¿Será constructiva para mi matrimonio u otras relaciones?

Antes en este capítulo hablamos de un auto que se me atravesó en la autopista. ¿Qué pasaría si descubriera que el chofer que me había molestado corría al hospital para estar con su hija que estaba agonizando? ¿Cambiaría eso mi perspectiva? Por supuesto. ¿Podemos imaginar esta situación u otra parecida cada vez que encontremos un chofer grosero?

Cuando las personas reaccionen de forma negativa, atribúyalo a algo con lo que se estén enfrentando y que usted no conozca. Quizá haya tenido un día fuerte. Quizá estén llevando una pesada carga. Quizá alguien los botó o quizá durmieran solo dos horas la noche anterior. Es bueno recordar que cuando alguien lo trata con rudeza, eso dice mucho más de él que de usted. Pero la manera en que usted responde revela mucho sobre usted.

Cuando usted practica la compasión, se desliga de la situación y no la toma demasiado a pecho. La única desventaja es que al final de su vida puede descubrir que sus suposiciones positivas sobre los demás no eran muy ciertas. Pero incluso así, ¡le digo que esta es una idea que vale la pena tenerse! Estos años los habrá vivido mejor que si hubiera pensado lo peor de los demás. ¿Está de acuerdo? Como nuestras creencias las aprendemos, ¿por qué no aprender esta, que es de verdad beneficiosa? Recuerde que cuando sus interpretaciones cambien, también lo harán sus emociones.

Sea curioso. Ser curioso acerca de la historia de la otra persona activa la Ley del Intercambio y también hace que usted se desligue de la situación y no la tome tan a pecho. Por ejemplo, si yo le doy una mala respuesta, usted puede decidir pensar algo como esto: *¿Qué le pasará a Tommy? No se parece a él hoy. ¿Qué le estará ocurriendo?* Usted se vuelve curioso, igual que un investigador en una misión. El simple intento de interesarse en los demás le hará apartarse de la negatividad.

Recuerde que la mayoría de los arranques negativos son reacciones condicionadas y no tan amenazantes como parecen. Escriba eso en una tarjeta. Póngala en su refrigerador, en el tablero central de su auto, o en su protector de pantalla. Use este concepto, no para inventarse excusas, sino para mostrar compasión hacia los demás. Recuerde que los demás están viviendo libretos que les colocaron en la mente mucho antes que usted las conociera. Usted ha actuado como el disparador de su reacción, pero no es la causa. Propóngase ser el tipo de individuo que no se deja sacudir por las reacciones de los demás.

Entienda que la mayor parte del estrés es solo un crecimiento que quiere abrirse paso. De hecho, en cualquier parte donde haya ausencia de una fricción productiva, lo más probable es que encuentre estancamiento. Y el estancamiento no produce gozo. Este es un concepto fácil de entender al nivel físico. Nadie puede esperar que vaya a desarrollar músculos fuertes en las piernas sin la resistencia que le hacen las pesas y la carrera. Nuestros músculos se esfuerzan y estiran más allá de los límites anteriores y una vez que se recuperan del estrés se vuelven más fuertes que antes. De manera similar, los niños experimentan la presión y la tensión de las tareas de la escuela, las amistades y la vida familiar. Sin los esfuerzos y luchas de la infancia, los niños nunca madurarían para convertirse en adultos saludables y funcionales.

En el plano mental y emocional, este concepto no se entiende con tanta facilidad. Nunca nos graduamos de crecimiento emocional. Para seguir creciendo emocionalmente, debemos experimentar resistencia de tiempo en tiempo. Nuestra reacción ante ella determinará si crecemos y nos acercamos a nuestro potencial máximo o nos alejamos de él. Después que haya entendido este principio del crecimiento, el temor y la inseguridad comenzarán a desaparecer y quedará libre para alcanzar el siguiente nivel emocional. A partir de hoy, ilumine y declare la verdad sobre el estrés y la tensión. Cuando pase por circunstancias difíciles, considérelas una oportunidad de crecer. De cierto que eso le ayudará a vivir en la zona de gozo.

8. Puede pedirle ayuda a Dios. Como hemos visto, Romanos 12:2 menciona que Dios puede transformarnos por la renovación de nuestra mente. Él tiene poder para ayudarnos a vencer nuestras emociones negativas, y nos ayudará cuando se lo pidamos. Los salmos son materiales muy buenos para leer cuando nos sentimos airados o molestos. Muchos de ellos modelan un progreso emocional saludable de la ira a la paz, de la desesperación a la esperanza, de la duda a la fe en Dios. Los Salmos 42 y 43 son excelentes ejemplos de eso.

Si está leyendo este libro es porque tiene intenciones de mejorar su potencial de gozo y es probable que tenga normas más altas que la generalidad de la población. Pero todos necesitamos vivir con personas que quizá no tengan normas tan altas. Usted no puede controlar las emociones de los demás, pero sí puede controlar las suyas. Nunca será perfecto en el manejo de sus emociones negativas, y eso está bien, porque podrá hacer tremendo progreso... mientras se concentre en lo que *puede* hacer, en vez de en lo que *no puede*. Si usted es como yo, su lista de cosas posibles es tan larga ¡que nunca va a tener tiempo de llegar a las cosas que son imposibles!

Permítame concluir este capítulo con una distinción clave y un corolario del Principio 4:8. Quiero que se lo repita una y otra vez. Quiero que lo ponga donde pueda verlo a menudo. Quiero que reflexione en eso y ore por eso. Esta distinción cambia la calidad de su vida emocional. Le ayuda a desarrollar la firmeza mental, la resistencia mental y el poder mental que le conducirán directo a una vida llena de gozo. Aquí está: **Las emociones no revelan la calidad de su vida, sino la calidad de sus pensamientos en un momento dado.**

Es incuestionable que el gozo revela un Pensamiento 4:8. Recuerde: esta es su única oportunidad de vivir. ¡Quiero que usted haga que sirva! ¡Usted *puede* cambiar su enfoque y *cambiará* su vida!

Una oración por la libertad

Padre celestial:

Te alabo por ser todo lo que yo necesito. Gracias por amarme a la perfección. Siempre que luche contra el dolor y las emociones

140

oscuras, lléname de la luz de tu presencia. Confío que pongas tu mano sanadora donde más la necesite.

Te ruego que reveles cualquier error de mis pensamientos que me impida vivir la vida de la forma en que la concebiste. Protégeme de esos juegos mentales tan difundidos, que pueden apagar mi potencial para el gozo. Alértame con la verdad de tu Palabra en todas las circunstancias, en particular en medio de distorsiones y exageraciones negativas.

Recuérdame enfocarme en el cuadro general y en lo que es importante de verdad, sobre todo en mis relaciones más preciadas. Llena mi corazón de compasión por el problema, el dolor y la angustia que reinan en la vida de muchas personas. Mantenme relajado y seguro en tu amor, de modo que no reaccione con exageración a la negatividad condicionada de los demás.

Sé que tu voluntad en cuanto a mí no incluye emociones negativas improductivas. ¡Cuán grande es eso! Gracias por darme el poder, el amor y el dominio propio, de modo que pueda vivir con gozo todos los días de mi vida.

En el nombre de Jesús,

Amén

Una cosa hago...
A partir de hoy, aumento mi potencial para el gozo al reconocer el cuadro general y reaccionar con compasión, en especial con aquellos a quienes más amo.

RESUMEN DE LA SEGUNDA PARTE

Desarrolle su gozo

- Perdónese a sí mismo y a los demás sin excepción, y hágalo de veras. Eso será un proceso que llevará tiempo. Nunca deje que una vieja herida se encone debido a excesiva atención.

- Medite a menudo en el futuro maravilloso que Dios tiene planeado para usted. Actúe hoy con gozo, como si su potencial máximo se hubiera materializado.

- Despójese de la necesidad de aferrarse a pensamientos que no le han dado resultado. Los pensamientos productivos interrumpen los pensamientos improductivos.

- Tenga en cuenta que sus emociones le permiten sentir en qué está pensando. Lejos de ser un indicador de la calidad de su vida, son un indicador de la calidad de sus pensamientos. Para tomar decisiones sabias, deje que sus metas, y no sus emociones, le guíen.

Poder, amor y dominio propio

El Desafío 4:8

1. ¿De qué maneras puede ocuparse mejor de su mente y cuerpo, para que estos manifiesten como es debido lo valioso que es usted?

2. ¿Qué le dicen hoy sus monólogos interiores acerca de sus expectativas para el mañana? ¿En quién

puede confiar para que le dé una información sincera en ese aspecto?

3. ¿Qué «pensamientos bien malos» son los que le asaltan con más frecuencia? ¿Qué ratas piensa exterminar primero? ¿Por qué?

4. ¿De qué maneras ha subrayado en fecha reciente las cosas malas (debilidades, errores, fallas) en una relación importante? ¿Cómo le resultó ese enfoque? ¿Cuál es el secreto para sacar a la luz lo mejor de los demás?

143

TERCERA PARTE

GUARDE SU CORAZÓN

Defienda su gozo

CAPÍTULO 7

SU PROTECCIÓN ANTIVIRUS

Desarrolle hábitos para proteger su corazón

Sobre toda cosa guardada, guarda tu corazón; porque de él mana la vida.

PROVERBIOS 4:23

En la Primera Parte expusimos los fundamentos del Principio 4:8, y hablamos del poder de controlar sus pensamientos. En la Segunda Parte analizamos cómo mejorar su concepto de usted mismo y tomar el mando de su vida emocional. Ahora en la Tercera Parte aprenderá por qué es esencial defender su mente de las exposiciones a lo negativo que interfieren con el Principio 4:8 y reducen sus oportunidades de tener una vida llena de gozo. Una exposición se refiere a cualquier cosa con la que tenga contacto durante su vida. Desde que estaba en el vientre materno hasta el momento actual, su carácter ha sido y continuará siendo moldeado por su entorno. Si descuida asumir el control estratégico de esas exposiciones, verá que es como construir sobre la arena. Las cosas parecerán ir bien por un tiempo, pero al final su potencial total puede empezar a desmoronarse bajo el estrés y las tormentas de la vida.

Como hijo de Dios, usted está llamado a ser un fiel mayordomo de su vida mental. Dios le llama a mantenerse puro, y a no llenarse la mente de cosas que vayan contra la ley y los deseos de Dios. «Para que seáis irreprensibles y sencillos, hijos de Dios sin mancha en medio de una generación maligna y perversa, en medio de la cual resplandecéis como luminares en el mundo» (Filipenses 2:15). *Guarda tu corazón* significa ser calculador con respecto a las exposiciones, para que, al mismo tiempo que fortalece su mente, aumente su capacidad de servir a los demás e influir en el mundo de manera positiva. Entienda que cualquier cosa que lee, mira o escucha, y en especial las personas con las que escoge asociarse, lo acerca al gozo o lo aleja más de él. Recuerde que usted puede enfocar la atención de sus reflectores hacia donde desee.

Proteja la programación de su mente

Hace varios años, cuando estaba reubicando el Club 1% en un nuevo edificio de oficinas más cerca de mi casa, tomé la decisión de modernizar al mismo tiempo el sistema de computación de nuestra compañía. Por desdicha, la instalación no salió como estaba planificada y la protección antivirus no se estableció como era debido, lo que la hizo inefectiva e inútil. Durante el primer fin de semana de operación, cuando por error quedamos expuestos al resto del universo de la Internet, nos vimos invadidos por unos misteriosos programas de computación, que se apropiaron de nuestro servidor y lo usaron de plataforma de lanzamiento para más de 250.000 mensajes de todo tipo. Al llegar a la oficina el lunes en la mañana, nos encontramos con un servidor casi inoperante, atiborrado de mensajes de error e incapaz de manejar ni las más sencillas de nuestras necesidades. No podíamos utilizar el correo electrónico, nuestra base de datos de contactos, ni acceder a archivos clave de investigaciones. Era un desastre.

Ajenos a lo que había sucedido, nuestros consultores de sistemas de información trabajaron para reparar los problemas obvios, sin saber que también habíamos contraído y propagado a algunos de nuestros clientes varios virus durante el fin de semana. Para empeorar las cosas, se nos había señalado como la fuente de cantidades masivas de mensajes no solicitados, con los que nada teníamos que ver. Esto hizo que el Club 1% cayera en la «lista negra» o fuera desconectado de manera automática de algunos de los mayores proveedores de servicios de Internet del mundo, que trataban de impedir que los emisores de mensajes no solicitados penetraran sus sistemas. Como resultado de darle entrada a esa basura en nuestro disco duro, no pudimos comunicarnos por correo electrónico con algunos de nuestros mejores clientes durante casi un año, y sin querer causamos además una legión de otros problemas técnicos. Aquella fue una experiencia de prueba, pero fue una lección valiosa de cómo algo indeseable nos puede corromper. **Con frecuencia permitimos que las ideas negativas y las opiniones de otros corrompan nuestro potencial de gozo,** y en ocasiones incluso infectamos durante el proceso a las personas que más queremos. ¡Eso no tiene que ser así! Si está listo y dispuesto, puede elaborar su propia «protección antivirus» y proteger la programación de su mente.

149

Diseñados para el gozo

Para sentir el gozo máximo uno debe mejorar antes la calidad de sus pensamientos. Ese fue el énfasis de los capítulos anteriores. Usted está donde está en este momento de su vida por los pensamientos predominantes a los que ha permitido ocupar su mente. Su salud, su matrimonio, su carrera y todos los demás aspectos de su vida están matizados por la calidad de su dieta mental. Esos patrones de pensamiento habituales, acumulados durante toda la vida, desencadenan sus acciones y determinan su calidad de vida, aunque no esté consciente de la mayoría de ellos. Como hemos visto, podemos entrenarnos para ser más cautelosos con nuestros pensamientos, pero otra manera de reducir al mínimo los patrones de pensamiento negativos es sustraernos con toda intención de las situaciones negativas. En esta sección se le alentará y preparará para ser calculador y determinado con relación a sus exposiciones.

> **Lo que usted deja entrar en su corazón moldea lo que cree, espera y hace.**

A veces su entorno desencadena sus pensamientos. En ocasiones los provocan su memoria y otras veces, su imaginación. En algunos casos, un pensamiento particular parece salir de la nada. Por tanto, si va a mantener la mente en las cosas divinas, si va a pensar en lo que es bueno, puro, amable y justo, es necesario que tenga un plan. Decidir pasar eso por alto es igual a decidir no alcanzar su potencial total. ¿Por qué va a hacer eso?

En Filipenses Pablo expone una estrategia de juego bien clara para lo que tenemos que pensar. Es un desafío, pero si usted y yo no pudiéramos cumplirlo, él no nos lo hubiera sugerido. Si cree que sus pensamientos son importantes y acepta el consejo de Pablo, ¿cuál es el próximo paso? ¿Cómo llega al punto en que vivir el Principio 4:8 se convierte en su segunda naturaleza? Usted está diseñado para el gozo y el deleite, pero es fácil programarse sin saberlo para el estancamiento y la mediocridad. Como la mayor parte de sus pensamientos proceden de las cosas a las que está expuesto, es fácil quedar influido en exceso por su entorno. Por eso es muy importante que se proteja. Veamos algunas razones específicas.

Debe guardar su corazón porque...

1. LOS PENSAMIENTOS SON LAS CAUSAS Y LAS CIRCUNSTANCIAS SON LOS EFECTOS.

Es sorprendente, pero muchas personas consideran lo contrario: creen que las circunstancias causan sus pensamientos. No obstante, si no está satisfecho con sus condiciones de vida, ahora sabe lo que tiene que hacer: Sostenga sus circunstancias como un espejo e imagínese qué tipo de pensamientos pudieran haber causado las manchas que ve en el reflejo. Por supuesto, usted nunca le echaría la culpa al espejo por lo que le refleje. Su vida de hoy corresponde a sus pensamientos del pasado. Casi todas las causas son mentales Si quiere producir un resultado específico en su vida, debe retroceder desde ese resultado e identificar las clases de pensamientos que lo producirían. Para cada efecto en su vida hay un pensamiento o grupo de pensamientos que son los causantes.

Lo que usted siembre en pensamientos, sean útiles o inútiles, se manifestará tarde o temprano en sus circunstancias. Como entrenador suyo, quiero alentarle a comenzar a vivir de manera más coherente con una ley central de la Biblia: Lo que siembre, eso también recogerá (vea Gálatas 6:7). Dicho de otra manera: «El que siembra escasamente, también segará escasamente; y el que siembra generosamente, generosamente también segará» (2 Corintios 9:6).

Esa ley opera las veinticuatro horas del día, los siete días de la semana, en todas partes del mundo, para santos y para pecadores. En específico, si usted quiere cosechar más gozo, debe plantar pensamientos gozosos, muchos. Es imposible obtener un resultado que no se haya formado antes en el pensamiento. No tiene que aceptar mi palabra como buena. Cuando usted mire en el mayor éxito de librería de todos los tiempos, hallará la palabra de Dios al respecto. Dios promete que todas sus acciones producirán reacciones y que todo lo que usted siembre en pensamiento u obra, de cierto que lo cosechará. Considere Mateo 7:2: «Con el juicio con que juzgáis, seréis juzgados, y con la medida con que medís, os será medido»; o Job 4.8: «Los que aran iniquidad y siembran injuria, la segarán». En Mateo 12:34, Jesús pregunta: «¿Cómo podéis hablar lo bueno, siendo malos? Porque de la abundancia del corazón habla la boca».

Solo porque una causa no sea evidente no quiere decir que no haya causa. Con frecuencia hay un espacio de tiempo tan grande entre el plano del pensamiento y el plano visible, que la conexión con la causa aparece difusa. Sin embargo, usted puede determinar la causa mediante un estudio meticuloso de su vida mental. Como sus pensamientos producen de forma directa o indirecta sus circunstancias, vigílelos con cuidado.

2. ¡SU SUBCONSCIENTE LO RECUERDA TODO!

«Sobre toda cosa guardada, guarda tu corazón; porque de él mana la vida» (Proverbios 4:23). La frase «el corazón», tal como se usa en la Biblia, a lo que más se acerca es a lo que la psicología moderna llama la mente subconsciente. El rey

Salomón, que escribió la mayor parte del libro de los Proverbios, estaba muy por encima del promedio en lo que se refiere a sabiduría, y en este tema en particular no era excepción. Cualquier cosa que llegue a su subconsciente, se queda ahí. ¡Eso entra en la categoría de «temible, pero cierto»! Cualquier imagen o idea cargada de emociones que queda retenida varias veces en su mente consciente, es procesada como una orden por su mente subconsciente. Las *impresiones dominantes* de su mente subconsciente tarde o temprano se convierten en las *expresiones dominantes* de sus condiciones. Como la mente subconsciente no distingue entre la verdad y la fantasía, acepta la información sin distinguir la realidad presente. En efecto, el subconsciente es un servidor perfecto que cumple las instrucciones que usted le da. Otra vez, eso puede ser una noticia buena o mala para usted, según las instrucciones sean positivas o negativas. Mientras más considere sus problemas como permanentes, menos disfrutará hoy de la vida. Pero mientras más piense en los grandes planes y bendiciones de Dios para el futuro, más vivo estará en el momento presente.

En el aspecto defensivo, «guardar tu corazón» significa proteger su subconsciente de los pensamientos que limitan y suprimen el gozo. En el aspecto ofensivo, quiere decir proveer de manera deliberada a su mente subconsciente con órdenes piadosas y potencialmente liberadoras. Cuando obedece a Filipenses 4:8, desplaza los patrones de pensamiento contraproducentes y equipa su subconsciente con indicaciones claras y definidas para el futuro. Si hace un esfuerzo por seguir el Principio 4:8, al final cosechará mejores frutos que uno que no lo haga. Su responsabilidad es convencer a su subconsciente de que las condiciones gozosas que desea *ya* existen. Sé que eso suena un poco raro, pero siga leyendo un momento más. ¿Hay algún secreto que pueda hacer posible eso? Bueno, puede que no sea un secreto, pero sí hay una respuesta, y es *la fe*. **El gozo auténtico siempre puede reconocerse por el indispensable salto de fe que lo precede.** Puede activar esa fe colocando su actitud en expectativa con sus oraciones antes que haya razones tangibles para hacerlo.'

154

3. SU MENTE ES UNA ESPONJA.

Piense que su mente es como una esponja. Reacciona ante lo que la empapa. Y cuando la oprimen, adivine qué es lo que sale. ¡Correcto! Solo puede salir una cosa: lo mismo que le entró. El estar consciente de este proceso puede mitigar el daño que le hacen las exposiciones negativas a su crecimiento personal. La mayoría de las personas no prestan ninguna atención a las cosas a la que están expuestas. En vez de eso, las absorben. Escuchan cualquier cosa que pongan en la radio. Miran los programas de televisión que promueven las compañías. Leen los libros que todo el mundo lee. Hojean las revistas que dejan en las áreas de recepción. Se enfrascan en cualquier titular que les salte a la vista. Aportan a las conversaciones esas de «¿No es tremendo eso?» y se suman a las habladurías inútiles. Manejan de forma inopinada y reactiva lo que absorbe su mente, de la misma forma descuidada en que muchos alimentan sus cuerpos.

Cuando usted introduce basura en su cuerpo, paga con consecuencias a corto y largo plazo. Cuando deja entrar basura en su mente, obstruye su potencial de gozo, satisfacción y éxito perdurable. **Si entra basura, tarde o temprano debe salir basura.** Es imposible evadir esto. Si está ingiriendo de manera pasiva lo que nuestra cultura le mete de rutina a paletadas, poco a poco se conformará a este mundo. *No será* renovado por la transformación de su mente (como dice Romanos 12:2) a menos que haga un esfuerzo deliberado y contrario a esto. Cuando introduce bien, sale bien. Esta es la ley de causa y efecto de Dios. Usted es el portero de su mente. Para tener una vida llena de gozo debe rechazar lo negativo y proteger lo positivo que Dios ha puesto o ha prometido poner en su vida.

Los que sienten más gozo no son necesariamente los que tienen más de qué gozarse, solo que piensan diferente. Esa opción está disponible para usted también. He aquí tres estrategias que puede usar de inmediato para ayudarse a erigir una fortaleza alrededor de su mente. Recuerde: cada momento es importante. Piense que los hábitos descritos abajo son como barandillas de un corazón lleno de gozo.

Primer hábito: Aliméntese con nutrientes mentales positivos

Para aislar a su corazón de los mensajes negativos que le agotarían su potencial de gozo, debe alimentarse la mente con lo que yo llamo *nutrientes mentales positivos*. Esto se refiere a informaciones deliberadas, certificadas como 4:8, que proceden de lo que uno lee, mira y escucha con regularidad. Para vivir una vida poco usual, llena de gozo, sumérjase de manera deliberada en pensamientos prudentes, inspiradores y edificantes con un plan preparado de antemano. Pregúntese: «¿En qué se diferencian mis lecturas, lo que escucho, mis recorridos por la web y mis hábitos de televisión de los que no son cristianos?». Comience con la Biblia y amplíe desde ahí. Lea libros que desafíen sus rutinas y le estimulen a escapar de lo ordinario. Lea libros que le planteen preguntas interesantes y le inspiren a vivir y dar de maneras excepcionales. Escuche discos compactos que le recuerden su verdadero potencial y las posibilidades que tiene por delante. Escuche las historias de las vidas de las personas que más admire y aspire a ser como ellas. Escuche materiales de audio que le ayuden a ser mejor esposo o esposa. Cargue su iPod con sus sermones favoritos y con música que lo conmueva. Leer libros y escuchar discos sobre la fe, la vida y el amor hace algo más que expandir su base de conocimientos. Le mantiene priorizado su crecimiento en su mente, y *el crecimiento contribuye al gozo*. El propio hecho de buscar nuevos horizontes echa fuera los pensamientos estancados. Cuando está leyendo y escuchando grandes ideas, de por sí no estará llenándose la mente de información mediocre.

Vea televisión solo con moderación. Hágalo con toda intención. Escoja por adelantado sus programas y mírelos según su horario. Considere usar una grabadora digital de video como las TiVo, de modo que pueda ver los programas sin los anuncios. Hay muchos programas excelentes que puede ver si hace un poco de trabajo investigativo y explora la programación semanal de su proveedor de TV por satélite o cable. Yo aliento a mis clientes del Club 1% a mirar nada más que deportes y noticias en vivo; todo lo demás puede ser grabado para reproducirlo después en el momento más conveniente. Y, por supuesto, las noticias con frecuencia están envenenadas y deben consumirse en el formato más abreviado posible. Además, las noticias de la televisión contemporánea contienen muchos más comentarios y menos datos que nunca antes.

El poder de la acumulación

Mucho antes que existieran las grabadoras digitales de video, yo hacía que ciertos clientes grabaran sus programas favoritos de televisión en videocinta por una semana. No había restricciones en cuanto a lo que podían mirar; la única regla era que tenían que grabarlos antes de verlos. En vez de mirar TV en vivo, se dedicaban a otras actividades con la idea de que se iban a «actualizar» con sus programas favoritos durante el fin de semana. Es probable que haya adivinado lo que pasó. En la mayoría de los casos, nunca hallaron el tiempo suficiente para mirar los programas de la semana. Este pequeño ejercicio les alivió un poco la dependencia de los entretenimientos. Usted puede probar con este método y ver cómo funciona con su familia.

Echemos un vistazo a la televisión, usando un poco de matemática. Si usted o sus hijos miran dos horas al día, eso significara treinta días completos mirando TV durante el año próximo, y cuarenta y tres semanas en los próximos diez años. Si quita solo quince minutos de ese tiempo de televisión al día y lo dedica a la lectura, a devocionales, a ejercicios, a la oración, al sueño, a un paseo romántico bajo las estrellas o a cualquier otra actividad de mejoramiento de la vida, eso sumará cuatro días completos durante el año que viene y casi seis semanas durante los próximos diez años. De acuerdo con la compañía A. C. Nielsen Co., el norteamericano promedio mira más de cuatro horas de televisión al día, lo que se traduce en dos meses al año de mirar sin parar la televisión, y nueve años completos de TV en sesenta y cinco años de vida.

Piense en eso como el principio de acumulación. Las cosas pequeñas, sumadas, con el tiempo se convierten en cosas grandes. No sucede de la noche a la mañana, pero todos estamos acumulando algo. ¿Qué me dice de usted? ¿Qué está acumulando? Usted atrae a su vida personas, ideas y circunstancias que se corresponden con lo que piensa de manera habitual. Y dentro de tres años, su vida familiar, su salud, relaciones y finanzas reflejarán aquello de lo que se ha estado alimentando. Usted se convierte en aquello en lo que más piensa.

Segundo hábito: Comience el día con gozo

Piense en el gozo los primeros quince minutos después que se despierte. Piense en lo que yo llamo los Primeros Quince como en su «ritual de gozo de la madrugada» (RGM). Lo primero que usted hace en la mañana traza la pauta para el resto del día. ¿Se levanta con expectativas, como un niñito en Navidad? Si su mañana no comienza con gozo, hallará difícil tener una recuperación más tarde en el día. A primera hora de la mañana, antes que la mente se le ofusque

> Entienda que todo lo que vea, lea o oiga o lo acercará a Dios o lo empujará para alejarlo más.

con los afanes y obligaciones del día, es el tiempo perfecto para trabajar con su «programación de gozo».

¿Cómo empieza su día? El legendario motivador Zig Ziglar bromeaba una vez con su audiencia y les decía que se levantaba en la mañana y leía algo de su Biblia, y luego leía algo del periódico local para saber en qué andaban ambos bandos. ¿Y usted? ¿Con qué alimenta su mente en los primeros quince minutos después que se levanta? ¿Esos primeros quince minutos de su amanecer glorifican a Dios y colocan las bases para un día lleno de gozo? Para empezar su día con gozo, primero tome la decisión de hacerlo. Después desarrolle un plan sencillo. Haga una lista de una a tres cosas rápidas que podría hacer en quince minutos y que son acorde con una vida llena de gozo. Si es necesario, levántese quince minutos antes para aprovechar esa oportunidad. Para expandir la Ley de la Acumulación mencionada arriba, si invierte quince minutos cada mañana en la preparación para el gozo, eso sumará siete horas y media tan solo en los primeros treinta días. El efecto total en un año es aun más impactante. Pero si lo mejor que tiene al levantarse es tomarse una taza de café, ¡tenemos que hablar!

He aquí ocho preguntas para que las analice mientras trabaja para mejorar su impulso matinal:

1. ¿Qué puedo leer, mirar o escuchar durante los quince primeros minutos en que estoy despierto?
2. ¿Qué debo evitar leer, mirar o escuchar?
3. ¿Cómo puedo prepararme para ese RGM durante la noche anterior?

4. ¿Qué debo decirme en el momento en que me levante cada mañana?

5. ¿Qué debo evitar decirme en el momento de levantarme?

6. ¿Cómo puedo intensificar mi gratitud durante los Primeros Quince?

7. ¿Cómo puedo usar la oración y la Escritura?

8. ¿Cómo puedo usar las Preguntas 4:8?

Por supuesto, usted es libre de extender su RGM más allá de los Primeros Quince. Muchos de mis clientes han extendido las rutinas matinales hasta los noventa minutos y más. Con ese tiempo extra puede incorporar ejercicios físicos, afirmación positiva, repaso de la visión y otros elementos de una vida llena de gozo.

¿Cree que Dios quiere que empiece cada día con gozo? Yo creo que su potencial para el gozo empieza con un tiempo diario de tranquilidad. Si va a buscar «primeramente el reino de Dios», como se nos enseña en Mateo 6:33, tiene sentido programar esta reunión con su Creador como primera cosa en la mañana. Después de todo, ¿podría haber otra cita más importante en el día? Si alguna vez se siente tentado a decir que no tiene tiempo para esa soledad con Dios, pregúntese al directo: «¿Qué podría hacer yo con ese tiempo que me produjera mayores beneficios?». Los minutos invertidos en orar pidiendo sabiduría le ahorrarán días perdidos en subsanar errores. Para avanzar en gozo, primero retírese con Dios.

Ponga las cosas más importantes primero y su día completo estará construido con seguridad en la roca de las promesas de Dios. Recuerde: **Su potencial para el gozo está limitado solo por su preparación para el gozo.**

Tercer hábito: Cierre el día con gozo

Ahora que se ha ocupado de los Primeros Quince, quiero alentarle a que se enfoque en los Últimos Quince casi de la misma manera. Su mente subconsciente ha bajado la guardia y está muy receptiva a las influencias sugestivas en los últimos quince minutos antes de quedar dormido, por tanto esta es la segunda oportunidad que puede aprovechar en el día. Las informaciones a las que dé entrada en su mente relajada justo antes de acostarse quedarán impresas con más facilidad en su subconsciente que las dispersadas durante el resto del día. Recuerde: lo que queda *impreso* en su corazón se *expresa* en sus circunstancias.

161

¿Cómo termina cada día? ¿Lo termina con las noticias de la noche tarde? Si es así ¿qué queda impreso en su mente como resultado? ¿Termina el día reprochándose por lo que no ha logrado? ¿Termina el día preocupado por las cosas que tiene que hacer mañana o por el estado de sus finanzas? ¿Ha terminado alguna vez la noche con un momento de verdad malo con su esposa o un hijo? Si es así, ¿qué cree que quedó impreso en la mente de ambos? **¡El peor momento para ponerse negativo, para estar desalentado, para discutir, para habérselas con la basura es antes de acostarse!**

Le exhorto a que elabore los Últimos Quince y haga de ellos un tiempo especial y lleno

Airaos, pero no pequéis; no se ponga el sol sobre vuestro enojo.
Efesios 4:26

de propósito. Como un oasis en el estrés diario, los Últimos Quince deben convertirse en la parte más refrescante y restauradora del día. ¿Cómo podría usar los Últimos Quince para explotar su potencial de gozo? ¿Puede hacer las Preguntas 4:8? ¿Puede decirse que su visión y objetivos ya han sido logrados? ¿Puede leer la Biblia o un libro inspirador? ¿Puede orar con su cónyuge o darle un beso especial? ¿Puede pasar revista a sus victorias del día? Si hiciera algo o todo lo relacionado arriba, ¿qué tipo de mensajes quedarían impresos en su mente? Genere otras ideas. ¿Qué es lo más fabuloso y positivo que podría hacer cada noche antes de quedarse dormido?

Una de las mejores cosas que he aprendido a hacer en los Últimos Quince es rendir mi subconsciente a Dios. No hay una manera única de hacerlo. Yo solo le pido que me limpie de cualesquiera pensamientos contraproducentes a los que les haya permitido «acampar» y los reemplace con otros que le sean agradables. Cuando enfrento un problema o estoy trabajando por una gran meta, como escribir este libro, le pido a Dios en específico que obre en mi subconsciente mientras duermo. Trato de liberar mis nociones preconcebidas y le pido a Dios que sus ideas sean mi creatividad, que sus palabras sean mis palabras. Le exhorto a probar esto a su manera. Cuando lo haga, creo que se convertirá en algo fijo en sus Últimos Quince.

Una oración por discernimiento

Padre Dios:

Ayúdame a vivir con toda intención, en particular en lo que se refiere a lo que leo, miro y escucho. Guíame para que le permita a mi alma solo las palabras, sonidos e imágenes que refuercen lo que quieres que yo sea. Revélame el papel que debo jugar para guardar la puerta de mi corazón. Evítame que me descuide en las informaciones de cada día y del efecto que tiene el ambiente en mi potencial. Como estoy empapado de mi medio, muéstrame si ahora estoy expuesto a algo que no te agrade y guíame a hacer cambios para poder experimentar tu presencia de una manera más completa y profunda.

Inspírame hora tras hora a llenarme la mente con todo lo bueno. Recuérdame que todo tiene importancia, y que lo que siembro, tarde o temprano lo voy a cosechar.

En el nombre de Jesús,

Amén

163

Una cosa hago...
A partir de hoy aumento mi potencial para el gozo al planear y usar de manera sopesada los Primeros y Últimos Quince de cada día.

CAPÍTULO 8

PONGA SU MENTE A PRUEBA DE BASURA

Estrategias para tener una mente sana

Cada experiencia de la vida, todo con lo que nos hemos puesto en contacto en la vida, es como un cincel que ha estado modelando nuestra estatua de la vida, moldeándola, modificándola y formándola. Somos parte de todo por lo que hemos pasado. Todo lo que hemos visto, escuchado, sentido o pensado ha puesto sus manos en moldearnos y formarnos.

Orison Swett Marden

Todos nos damos cuenta de la necesidad de tener un cuerpo saludable, y claro que aceptamos los beneficios del ejercicio físico. El ejercicio mantiene alto su nivel de energía, fortalece su inmunidad, mejora su estado de ánimo y reduce los efectos del estrés negativo, para mencionar unos pocos de sus beneficios. Como vimos en el capítulo 4, un cuerpo saludable y funcional es un factor clave para moldear su concepto de usted mismo.

La mayoría reconocemos también que necesitamos tener una mente saludable, pero esto parece un poco más difícil de definir que un cuerpo saludable. ¿Qué es una mente *saludable*? ¿Puede ser el resultado de pensar siempre según Filipenses 4:8? Recuerde que su mente está saludable si trabaja *a su favor* en vez de hacerlo en contra suya. Una mente saludable origina pensamientos que despliegan su potencial total. Una mente saludable le mantiene su *atención* en su *intención*. Mira hacia adelante y abriga una visión clara del futuro. **Una mente saludable produce gozo, igual que un cuerpo saludable produce energía.** Está de acuerdo con las promesas de Dios. Y una mente saludable y disciplinada anhela dirección, crecimiento y desafíos.

Usted sabe que para lograr un cuerpo saludable tiene que comer la cantidad y variedad adecuada de alimentos ricos en nutrientes. Debe beber mucha agua pura, ejercitar el corazón, los pulmones y los músculos, pensar en tomar suplementos de alta calidad, y también dormir lo suficiente. Pero ¿qué hace para tener una mente saludable? ¿Qué hace para mantener los pensamientos fijos en lo que es amable, puro, bueno y justo? ¿Cómo se mantiene mentalmente saludable?

Piense de esta manera: Si su objetivo es perder peso, sabe lo que tiene que hacer. Debe cambiar su dieta. Tiene que decidir de antemano qué tipos de alimentos y bebidas son consecuentes con sus metas de perder peso y cuáles no. Y para que este tipo de dieta dé resultados a la larga, es probable que necesite eliminar el alimento basura y los bocadillos no saludables de su entorno y reemplazarlos con otros saludables y energéticos. De otra manera, el tratar de perder peso se va a quedar en el «tratar» por tiempo indefinido. Uno de los elementos más críticos, pero menos recalcados en un programa de pérdida de peso es poner en sintonía su refrigerador y alacena con sus objetivos de salud. Si pretende perder peso, pero continúa acaparando los mismos alimentos nada saludables en su casa, le aseguro que la dieta no va a durar mucho.

De la misma manera, si su objetivo es sentir más gozo, tiene que cambiar de dieta mental. Si va en serio con eso de progresar en esto, debe alterar en primer lugar las exposiciones que le desencadenen la negatividad. Debe sincronizar su refrigerador mental con su meta del gozo máximo. Debe tirar a la basura los pensamientos que se opongan a las promesas de Dios y en su lugar llenar sus alrededores de informaciones que produzcan gozo, que estimulen los pensamientos correctos y desalienten los pensamientos negativos y holgazanes. Tenga en cuenta que ese es un proceso continuo. Si echa fuera esos asuntos, pero se rellena con influencias negativas unas horas más tarde, su progreso quedará neutralizado.

Con los años he tenido varios clientes que tenían una lucha crónica por bajar de peso porque no podían mantener su entorno bajo control. En algunos casos tenían el propósito de bajar de peso, pero su cónyuge no, y de esa manera unos alimentos basura tentadores estaban siempre alrededor de ellos. Cada tarde, al regresar a la casa, caían en la «tentación nutritiva». Eso no es excusa, por supuesto. Usted puede alcanzar sus objetivos físicos incluso en presencia de alimentos basura, solo que requiere una dosis extra de disciplina. He observado, sin embargo, que un ambiente favorable a la larga supera con mucho a la disciplina de saca la mano.

¿Está listo para hacer que su entorno mental sea a prueba de basuras? Requerirá botar algunas cosas e incorporar otras. Por dicha, esto no es una proposición de «todo o nada». Con relación a la pérdida de peso, algunos de mis clientes quieren ponerse bien flacos, con porcentajes de grasa de un dígito, mientras que otros tienen un ideal menos

167

extremista. Lo mismo sucede con su dieta mental. Pregúntese: *¿Cuán flaco quiero estar en esto de la mente?* ¿Cuánto gozo cree usted que pueda soportar? ¿Con cuánta basura quiere enredarse? ¿Qué quiere en realidad? ¿Qué quiere Dios de usted? En el capítulo 7 vimos *por qué* debe proteger su mente, al igual que los tres hábitos para comenzar en el camino hacia informaciones más positivas. En el resto de este capítulo aprenderá siete estrategias prácticas para proteger su mente.

Primera estrategia: Dedíquese a tener relaciones correctas

168

Siempre que hablo a un público de adolescentes, señalo la importancia de escoger a los amigos con sabiduría. Le pido a un voluntario que me permita subirlo al escenario con una sola mano. Escojo a alguien a quien no pueda levantar con una sola mano. Después de unos cuantos esfuerzos exagerados le pido al adolescente que trate de hacerme bajar del escenario nada más que con el meñique. Aunque en la mayoría de los casos tengo una buena ventaja en el peso, con facilidad me bajan del escenario con la fuerza de un dedo pequeño. Los jóvenes adultos se sorprenden y captan el mensaje con rapidez: **En la vida es mucho más fácil que lo bajen a uno que subirlo.**

Después que atraigo su atención les digo que cada relación que tengan en el resto de la vida va a hacer una de esas dos cosas: levantarlos o bajarlos. A juzgar por las cartas que recibo, esa breve demostración produce un impacto duradero. Aunque ese ejemplo está destinado a los adolescentes, parece que halla eco en los adultos de igual manera. Es muy fácil dejar que nuestros amigos nos escojan antes que tener nosotros la iniciativa de escoger nuestras amistades. Es más fácil, en especial para los niños, gravitar alrededor de los que nos aceptan en vez de alrededor de aquellos que hacen que resalte lo mejor de nosotros.

¿Y qué dice de usted? ¿Lo están moldeando las personas que deben hacerlo? ¿Aumentan el gozo de su vida las personas con las que pasa la mayor parte del tiempo? Como dice Pablo en 1 Corintios 15:33, «No erréis; las malas conversaciones corrompen las buenas costumbres». En Proverbios 27:17 se nos recuerda que una persona aguza a otra como el hierro aguza al hierro. Los individuos con los que usted prefiere asociarse van a influir más en su devenir como persona que ningún otro factor. Sin querer, adoptará los hábitos, actitudes, creencias e incluso los modales de las personas de las que se rodee. Usted será aguzado o embotado por las relaciones que escoja tener. Mantenga sus metas lejos de las personas que encogen los sueños y que dan aliento a ese enemigo llamado «bastante bien». En su lugar, manténgase cerca de personas que lo animen a expandirse, a elevar sus normas y a realizar sus sueños más grandes.

Si anda alrededor de personas que no tienen una visión real o que limitan a Dios con sus actitudes cáusticas, al final terminará siendo igual que ellas. Las personas negativas envenenan su visión, agotan su energía y desgastan su potencial para el gozo. Si se asocia con regularidad con personas que se lamentan, murmuran, condenan y son lastimeras, el hecho inexorable es que tarde o temprano usted será como ellas. Es improbable que usted se dé cuenta de esta evolución, porque los cambios de carácter suceden muy poco a poco. Los cambios de carácter, sean buenos o malos, se le

169

incorporan igual que los incrementos de peso: un gramo ahora y otro después. La gente no le da puñetazos, ni patadas, ni lo arrastran para que se salga de rumbo; si fuera ese el caso, usted se defendería y se protegería. Más bien lo empujan un poquito ahora, luego otro poquito, después un pelo, hasta que se ha «bajado del escenario». **Cuando personas con diferentes valores se reúnen con frecuencia, alguien va a cambiar al final.**

Si quiere vivir el Principio 4:8 y llevar al máximo su gozo, tiene que hacer el cambio e invertir más tiempo con las personas adecuadas, con personas que le levanten y produzcan un resultado piadoso en su vida. ¿Cómo determina qué personas son las adecuadas para incluirlas en su círculo íntimo? Bueno, todo depende de su visión en particular, pero si su objetivo es una vida llena de gozo, he aquí siete disparadores mentales para comenzar.

Pase más tiempo con personas que como estas:

1. Su carácter e integridad son iguales o mejores que los suyos.
2. Son de su misma fe, o mejor aún, están más avanzadas en su relación con Dios.
3. Sus vidas muestran el fruto lleno de gozo de su fe.
4. Usted quisiera que sus hijos crecieran y se parecieran a ellas.
5. Le piden cuentas y le hacen preguntas difíciles que la mayoría evade.
6. Hacen salir lo mejor de usted y le recuerdan que Dios está haciendo cosas emocionantes por medio suyo.
7. ¡Están comprometidas de veras a dejarse influir de forma positiva por usted!

Elevar y bajar

De vez en cuando se encontrará situaciones en que no le quedará más remedio que estar en medio de personas negativas y relaciones estresantes y turbulentas. Durante el receso, en la mayoría de mis seminarios públicos, hablo con al menos un par de los presentes que buscan consejo para lidiar con las consecuencias de esas exposiciones negativas inevitables. Al parecer, el tópico de las relaciones positivas halla eco en muchas personas. La pregunta suele ser así: «¿Cómo puede uno minimizar el daño si no hubiera forma de eliminar esos contactos?», o «¿Qué hace si siempre tiene que estar cerca de personas negativas, como ciertos familiares o compañeros de trabajo?».

En lo esencial, la respuesta a cualquiera de las preguntas es la misma. Recuerde que la vida es demasiado corta para ser cautivo de la negatividad de los demás. Le será de utilidad cualquier cosa que pueda hacer para ser previsor y organizar su vida alrededor de individuos positivos, optimistas y orientados al crecimiento. Dicho esto, hay una serie de pasos que puede dar para minimizar el daño de esos asaltantes del gozo.

Primero y ante todo, **fíjese bien quién le está levantando y quién le está halando hacia abajo.** Este simple reconocimiento le levanta la guardia y reduce la difusión de actitudes negativas. Para aumentar su alerta, divida sus relaciones en tres categorías. Llame a la primera «relaciones rojas» e incluya a las personas más negativas, y de mente estrecha que conozca. Siempre que

¿Están sus asociaciones sincronizadas con sus ambiciones?

171

sea posible, evite esas relaciones rojas. La siguiente categoría es «relaciones amarillas», que incluye a la gente con la que debe alternar con moderación. La tercera categoría son las «relaciones verdes», que son las personas más positivas y alegres que conozca *ahora mismo*, más las personas que *espera* que lleguen a formar una mayor parte de su vida en el futuro cercano. Para acometer el Principio 4:8, trate de aumentar la cantidad de tiempo que pasa con esos individuos.

A continuación pruebe con la «técnica de las galletitas de chocolate». No, eso no quiere decir que le dé una galletita de chocolate a la persona que le ofenda. Significa que cuando tenga que estar cerca de una persona negativa, se inocule antes del contacto con exposiciones ultrapositivas y después se desinfecte de la misma manera. El propósito de la primera «galletita» es fortalecer su inmunidad. Puede orar, leer algo muy inspirador, hacer ejercicios de manera vigorosa, meditar o hablar con un amigo lleno de gozo, para nombrar solo unas pocas opciones. Después se sumerge en la situación estresante, el relleno de crema, con un tanque lleno de gozo. Después del encuentro, límpiese con algunas informaciones muy positivas (la segunda galletita). Pruebe esto y verá cómo un poco de previsión puede preservar e incluso multiplicarle el gozo. Haga de esta sencilla disciplina un principio rutinario en su vida. Podrá contrarrestar cualquier exposición destructiva con una inyección inmediata de nutrición mental positiva.

Tenga en mente que tratar con personas negativas y amargadas no es una tarea agradable, pero es una tarea que debe hacerse. Está claro que suprimir la influencia de esos individuos puede ser inconveniente y hasta desagradable en ocasiones. Sin embargo, el descuido de proteger su corazón acarreará consecuencias que serán mucho más desagradables a la larga.

Segunda estrategia: Memorice las Escrituras

Memorizar las Escrituras es uno de los métodos más sencillos y seguros para limpiar, renovar, fortalecer y proteger su mente. En el capítulo 5 mencionamos un principio psicológico importante: **Su mente consciente puede ocuparse de un solo pensamiento a la vez, sea positivo o negativo. La única manera de eliminar un pensamiento negativo o contraproducente es reemplazándolo con un pensamiento positivo y capacitador.** Aquí es donde la memorización entra a jugar su papel. Al remitir versículos de la Escritura a la memoria, usted comienza el proceso de desplazar los pensamientos negativos y limitadores y reemplazarlos con el tremendo poder y potencial de las promesas de Dios. Su mayor bien es Dios, que obra en usted y a través suyo, y como mejor se logra esto es permitiendo que la Palabra de Dios more en usted. Cuando le permite a la Palabra de Dios ocupar de forma permanente su corazón y su mente, es inevitable que moldee sus deseos y metas. Y, como dijera Jesús en Juan 15:7, «Si permanecéis en mí, y mis palabras permanecen en vosotros, pedid todo lo que queréis, y os será hecho». Cuando usted explore la Biblia y memorice pasajes que se refieran a asuntos importantes de su vida, quedará asombrado del gozo y la fortaleza que recibirá como resultado.

Empiece por escribir un versículo cada semana en una tarjeta pequeña y llévela consigo durante una semana, releyéndola diez o veinte veces al día. Después de un año tendrá cincuenta y dos pepitas de sabiduría e inspiración guardadas en su botiquín espiritual. (Vea el Epílogo si quiere tener una muestra de una docena de versículos para comenzar.)

Tercera estrategia: Personalice pasajes de la Biblia

Entre en las páginas de la Biblia al insertar su nombre y los pronombres *yo, mi, mío* en sus versículos inspiradores favoritos. Esta técnica le ayudará a tomar posesión de la abundancia de gemas espirituales que Dios le ofrece en las páginas de la Biblia. He aquí algunos ejemplos de cómo yo personalizo la Escritura:

- Cristo ha venido para que yo, Tommy Newberry, tenga vida, y para que la tenga en abundancia (Juan 10:10).
- El Reino de Dios está dentro de mí (Lucas 17:21).
- Dios no me ha dado un espíritu de cobardía sino de poder, de amor y de dominio propio (2 Timoteo 1:7).
- En Cristo vivo, me muevo y soy (Hechos 17:28).
- Dios es mi amparo y mi fortaleza, mi pronto auxilio en las tribulaciones (Salmo 46:1).
- Yo, Tommy Newberry, soy transformado por la renovación de mi mente (Romanos 12:2).

¡Pruebe usted mismo! Las posibilidades son casi infinitas.

Cuarta estrategia: Declare la bondad de Dios

Declarar la bondad de Dios es hablar con convicción de la bondad, abundancia y gozo que Dios ha prometido a Sus hijos. Al contrario, *no declare* lo que usted *no quiere* en su vida. Niéguese a participar en conversaciones que incluyan sospecha, duda, temor, preocupación o chisme. Por lo general, **el monólogo interior es su voz interior habitual, que se hace patente a los demás cuando usted habla.** Como regla, es bastante contagioso. Igual que usted se puede sobresaltar cuando escucha toser, estornudar u otros síntomas de enfermedad cerca de usted en un avión, debe estar alerta ante la negatividad de los que le rodean. No deje que los demás le contaminen la mente con su pesimismo y palabras ociosas. En la práctica, esto significa que uno se hable a sí mismo y a los demás solo de las cosas que desea y de las cosas que Dios quiere para usted.

En Mateo 12:37, Jesús enseña: «Por tus palabras serás justificado, y por tus palabras serás condenado». Somos responsables de lo que decimos. Practicar la declaración positiva reeduca su monólogo interior, de modo que esté en armonía con una vida llena de gozo. Tenga una declaración positiva como una perfecta expresión de fe. **Declarar es fomentar o reforzar lo que usted quiere para su vida.** Es poner en sintonía su habla con su confianza en Dios. Una declaración positiva es un recurso de gozo que lo ayuda a edificar su carácter, su personalidad, su actitud; y es más, hasta su misma existencia aquí en la tierra. ¿Qué está edificando con ese monólogo interior que recorre sus lugares secretos? Las palabras que usa son como semillas que, una vez plantadas, comienzan a dar forma al mundo que usted observa.

Cuando mi segundo hijo, Mason, tenía unos tres años, a menudo pasaba tiempo conmigo construyendo cosas. Le gustaba en particular hacer torres Lego, porque las posibilidades de nuevos y diferentes diseños estaban limitadas solo por la imaginación (y la cantidad de piezas en el juego). Una tarde, comenzamos una construcción con Mason de jefe, supervisando de cerca cada movimiento que yo hacía con las piezas. Muy impresionado por los progresos de la construcción, le eché una mirada a Mason y le vi una mirada traviesa… seguida de un golpe demoledor de karate a nuestros esfuerzos de los últimos quince minutos. Claro que eso demolió nuestra torre, pero también nos produjo una buena risotada a ambos. Segundos después de destruir nuestra primera estructura, Mason ya estaba recogiendo con rapidez las piezas y comenzaba a ensamblar el edificio número dos. Este proceso de edificación y demolición continuó.

Nuestro crecimiento y desarrollo espiritual con frecuencia se asemejan a este juego de bebés. A menudo hacemos grandes esfuerzos por alcanzar nuestras metas, solo para echar a perder ese progreso con un auto-sabotaje que nos obliga a empezar de nuevo. La bola de demolición puede tener distintas formas: monólogo interior negativo, temor, descuido, desidia, preocupación, etc., pero demuestra cuán importante es apartarnos de nuestra propia senda.

Dese cuenta o no de ello, usted está siempre declarando algo, porque siempre está pensando. O dicho de forma más exacta: siempre está construyendo o demoliendo. La pregunta clave es: ¿Qué es lo que usted declara? ¿Declararía lo mismo si Dios estuviera de manera visible al lado suyo, alentándole?

Al revés del jabón Ivory, la mayoría de nosotros no somos 99,94% puros en nuestros pensamientos. En vez de eso, diluimos nuestro potencial al pensar una cosa primero y otra después. Pensamos en la gracia de Dios y después nos sentimos culpables de nuestras faltas; pensamos en el poder tremendo de Dios y después hablamos de cómo no nos podemos librar de este pequeño insecto. Pensamos en la abundancia y luego, segundos más tarde, nos preocupamos por las facturas. Con frecuencia nos parecemos a un chofer que cambia con frenesí de marcha adelante a marcha atrás, adelante y atrás otra vez, sin esperanza de moverse mucho hacia adelante. Este bombardeo de contradicciones mentales nos encierra en cualquier comportamiento que se haya convertido en un hábito. Aunque por fuera nos esforcemos todo lo que podamos, pronto volvemos al comportamiento motivado desde el interior. No tiene que ser de esa manera.

He aquí tres claves para vocalizar las promesas de Dios:

Primera clave: Preste atención

Tenga mucha sensibilidad a lo que piensa con mayor frecuencia. Lo que diga de sí y de los demás da la mejor indicación de la calidad de su vida mental.

Segunda clave: Refuerce

Recuérdese a sí mismo que nada es demasiado bueno para ser cierto para un hijo del Rey. Dios quiere que usted prospere y tenga toda cosa buena. No bloquee la generosidad de Dios con conversaciones que no aprovechen.

Tercera clave: Filtre y reemplace

Sustituya todas las palabras, frases y expresiones con su opuesto positivo. Practique el uso del Principio 4:8 en casi cualquier situación:

- En el teléfono
- Con su pareja
- Con sus compañeros de trabajo
- Con sus hijos
- Con los amigos
- En las actividades sociales

178

Hable solo de «todo lo justo, todo lo puro, todo lo amable, todo lo que es digno de alabanza». Niéguese a decir nada que sea impropio de un hijo de Dios. Haga que todo lo que vaya a salir de su boca pase primero por el filtro de Filipenses 4:8. Si no puede decir nada positivo, el silencio es la mejor alternativa.

Quinta estrategia: ¡Visualice las bendiciones de Dios!

Dios nos diseñó a usted y a mí con la capacidad mental de avizorar un futuro mejor, de ver e imaginar las cosas como *podrían ser* en vez de como son. Esto es más evidente cuando oramos. Siempre nos motiva a orar algo que es mejor, no algo peor. Dios nos ha dado el poder de crear lo que podemos visualizar, pero la mayoría solo visualiza lo que ya existe. Este concepto es

> Alimente pensamientos grandes, porque nunca llegará más alto que sus pensamientos.
>
> BENJAMÍN DISRAELI

tan sencillo, pero tan profundo, que vale la pena repetirlo: **Se nos ha dado el poder de tener lo que visualizamos, pero tendemos a visualizar solo lo que ya tenemos.** Y mientras fije su mente solo en lo que tiene en la actualidad, lo más probable es que no reciba nada más. Si insiste en retener imágenes del pasado y el presente, no irá muy lejos de esas imágenes en la realidad.

Es incuestionable que una visión clara del futuro es un prerrequisito clave para alcanzar todo su potencial aquí en la tierra. Sin tal visión, los individuos, parejas, familias, organizaciones y civilizaciones enteras van a la deriva y sin rumbo, desperdician oportunidades de crecer y ejercer una influencia positiva que solo puede surgir si se tiene un destino específico y una senda para el futuro. Si usted no se molesta en activar este poder interno para moldear el futuro que Dios le dio, será muy fácil que pierda el gozo y el entusiasmo que Dios destinó para todos sus hijos. Este poder de visualizar puede ser utilizado o desechado. Escoja usted.

No deje que la palabra *visualización* le intimide. Solo se refiere a *ver las posibilidades futuras*. En un momento u otro todos hemos practicado la visualización, sea al azar o con toda intención. Los jóvenes jugadores de béisbol visualizan jugar algún día en las Grandes Ligas. Muchas jóvenes visualizan con claridad los detalles de su boda mucho antes que acontezca. Las parejas de recién casados con frecuencia ven a los hijos que van a tener jugando en la casa. Los líderes de negocios visualizan y ensayan importantes presentaciones mucho antes de enviárselas a los clientes. Los empresarios exitosos visualizan a los nuevos clientes y las retribuciones que corresponden a la expansión de sus servicios y

179

contribución al mercado. Todos tenemos la capacidad de imaginar un futuro maravilloso o una condición mejor en la vida. Es desafortunado que mucha gente pase más tiempo visualizando lo que no desean que lo que desean. Después toman decisiones basadas en el temor y la preocupación que generan esas imágenes mentales.

Lo exhorto a que no deje el proceso de visualización al azar ni a la casualidad. Si está dispuesto a entrenarse la mente, estará mucho mejor preparado para llevar a cabo la obra que Dios le ha llamado a hacer. Su responsabilidad es alimentar con toda intención su mente con imágenes claras, vívidas de la persona que Dios quiere que sea. Eso empieza por practicar el Principio 4:8. Sin duda, la visión que Dios tiene de su futuro es buena, excelente y digna de alabanza, ¡y más allá de su imaginación!

Para empezar, separe cuatro o cinco minutos cada día para visualizarse, con el mayor detalle posible, viviendo una vida de gozo. Véase lleno de vida, amante de su trabajo y con una influencia fuerte y positiva. Véase dedicado por completo y energizado en su casa con su familia. Repita esos escenarios ideales con frecuencia, con la mayor claridad posible. La visualización la emplea la gente de éxito en todos los campos, en especial en el atletismo, el entretenimiento y, en los últimos tiempos, en hospitales de vanguardia en todo el mundo. Le dedico un capítulo entero a la disciplina de la visualización en mi libro *El éxito no es un accidente*.

La visualización da resultado porque se basa en la tendencia del cerebro humano a llevar a cabo su pensamiento más dominante. Esto es parte del diseño perfecto de Dios. Como la mente subconsciente no puede distinguir entre un hecho real y otro que uno imagine con vividez, cuando recibe la imagen de una meta como si ya se hubiera alcanzado, la interpreta como un hecho y responde en consecuencia, y de paso elimina todo bloqueo mental. A la luz de esto, la manera más efectiva de expandir su potencial es siempre exponer la mente a una imagen multisensorial del resultado final que usted persigue. Esas imágenes sirven de órdenes al cerebro para que reproduzca por fuera lo que se creó dentro.

Las dos mejores horas para practicar la visualización son inmediatamente antes de ir a dormir y apenas uno se levanta por la mañana. Considere incorporar eso a sus Primeros o Últimos Quince. Si no puede ser todos los días, ¿qué le parece probar una vez a la semana? Relájese y cálmese con ayuda de unas pocas inspiraciones profundas. Luego entre en su propio cine mental. Véase haciendo lo que haría si su oración hubiera sido contestada o su objetivo ya se hubiera alcanzado. Si persiste en retener la imagen de la vida que Dios quiere para usted, es mucho más probable que esa imagen se convierta en un hecho.

Aquí tiene un ejercicio de acción para usted. La próxima vez que ore por un problema, reto o asunto particular al que se enfrente en ese momento, tómese unos minutos adicionales para relajarse de verdad antes de comenzar a orar. Haga seis o siete inspiraciones lentas y profundas mientras se imagina que su mente está por completo libre de antiguas opiniones, de nociones preconcebidas, de su propio conocimiento y de negatividad enraizada de cualquier tipo. Después pídale a Dios que le llene la mente vacía con su sabiduría perfecta. Afirme que usted está abierto y receptivo

181

a una inspiración directa de Dios... y séalo de veras. Luego visualice a Jesús sentado junto a usted, que le enseña y aconseja. Piense en el amor, la paz y la compresión que hay en sus ojos cuando con alegría recibe su orientación. Por último, agradézcale a Dios por su solución perfecta. Sienta brotar la confianza que sigue a un encuentro así. Esta oportunidad estará lista cuando usted lo esté.

Sexta estrategia: Ponga en cuarentena a la negatividad

La negatividad se propaga como la gripe. No solo de persona a persona, sino también de una faceta de la vida a otra. Por eso quizá usted quiera activar lo que llamo el Plan B. Puede usar esta estrategia si se encuentra de repente enfrentando un conflicto que no desaparece de la noche a la mañana. Eso es lo que hace usted si no puede prevenir ni eliminar con rapidez circunstancias negativas. Por ejemplo, quizá se enfrente a un problema financiero continuo o a una dificultad con un hijo. No importa cómo se haya metido en este problema, necesita tomar medidas para controlar cualquier daño adicional que pueda causar. Aunque es importante usar las otras estrategias mencionadas en este libro como curso de acción primario, quiero hablarle de un método poco usado, pero en extremo poderoso, para limitar el daño que las situaciones y personas negativas puedan causarle a su vida. El método es este: *Programe su negatividad.*

Sé que con toda probabilidad estará pensando: «La verdad es que no tiene ninguna gracia ser negativo cuando uno tiene que programarlo. La negatividad inesperada es la mejor, ¿verdad?».

¡Espere! Algunos beneficios se derivan de programar la negatividad. Primero: cuando le quita la espontaneidad a ser negativo, le reduce de manera drástica la energía emocional que contiene. Está mejor preparado para enfrentarla. Si hay otra persona implicada, la programación elimina el efecto de emboscada, lo que reduce aun más la energía dañina. Cuando programa la negatividad, a menudo el problema se encoge antes que llegue el tiempo en que tiene que enfrentarlo. Sin embargo, el mayor beneficio de «picar» su negatividad es que salvaguarda una mayor porción de tiempo, que estará entonces libre de problemas, dificultades y otra basura. Veamos dos maneras de usar esta técnica.

183

Primero, si está tratando con una *preocupación crónica,* programe un tiempo específico cada semana para sentarse y preocuparse. Piense que esto es «preocupación a la carta». En vez de dispersar sus problemas y preocupaciones por toda la semana, agrúpelos en un período de tiempo específico. Cuando una preocupación le venga a la mente durante la semana, captúrela por escrito y recuérdese que ha separado el martes a las 4 p.m. para lidiar con ella. Eso debe ser suficiente para sacarla de su mente por un tiempo, de manera que pueda retornar a otras actividades y disfrutarlas. Haga una nota de cuántos problemas reales permanecen el martes por la tarde.

Segundo, en su matrimonio o su vida familiar, puede programar un *tiempo de asuntos* diario o semanal para lidiar con las quejas, decepciones y expectativas no realizadas. En vez de darle a cada uno en la casa luz verde para echar a perder cualquier momento con una queja, separe un tiempo específico y «haga negatividad» *solo por turno*. Verá que es muy difícil de hacer. También notará que para hacer un pequeño avance se necesita mucho tiempo. Muchos de mis clientes dicen ser apenas estudiantes de «Aprobado» en esta estrategia de cuarentena, pero están muy complacidos de todas formas con los resultados. Adelante, pruebe.

Séptima estrategia: Establezca reglas básicas

A lo largo de esta tercera parte del libro, mi objetivo ha sido ayudarle a ser más cuidadoso con las cosas que usted deja entrar a su corazón. Con ese fin quiero darle cinco principios básicos que quizá quiera recordar como la Ley de las Entradas:

1. **Ambiente.** El entorno físico, en especial las cosas que uno lee, mira o escucha, así como por las palabras e imágenes que llaman su atención constantemente, influyen mucho en uno. *Dónde* está usted refuerza *quién* es usted.

2. **Asociación.** Poco a poco irá adoptando los hábitos, actitudes, convicciones, cosmovisión y a veces hasta el lenguaje corporal y los modales de las personas con las que pasa tiempo de forma habitual.

3. **Alternativa excluida.** Cuando dice que sí a los datos erróneos que recibe, por definición está diciendo que no a los datos correctos. Cuando usted *invierte* tiempo con la gente adecuada, está protegido de *pasar el tiempo* con quienes no conviene.

4. **No hay neutralidad.** ¡Todos los datos que recibe contribuyen a hacerle quien es! Nada es neutral.

Cada exposición influye de manera abierta o discreta en su personalidad, su carácter, y en las decisiones que toma durante el día, aunque no esté consciente de la mayoría de ellas.

5. **Atracción.** Con el tiempo atraerá a su vida las condiciones, los acontecimientos, las personas y las posibilidades que se correspondan a su manera de pensar. Su vida visible exterior es como una imagen reflejada en un espejo de su vida mental invisible, cuya mayor parte ha sido formada por sus datos permanentes.

185

Quiero que tenga esos principios en mente y establezca cinco reglas básicas para lo que va a dejar entrar en su corazón. Las reglas que ponga serán cosa suya; mi único interés es ayudarle a ser cauteloso en ese aspecto vital. En otras palabras, no quiero que pase esto por alto. He aquí unos pocos ejemplos de reglas básicas, tomadas de mis clientes del Club 1%:

- Invierto la mayor parte de mi tiempo discrecional con personas de igual o mejor carácter, y actualizo mis progresos en esa área cada noventa días.
- Escucho programas de radio inspiradores y educativos en el auto siempre que viajo solo.
- Solo veo programas de televisión que son apropiados para verlos con mis hijos.
- Planifico mi alimentación mental positiva con una semana de antelación.
- Leo algo sano y positivo antes de acostarme e inmediatamente después de levantarme por la mañana.

En adición a los ejemplos anteriores, use las siguientes preguntas para guiarse en su primera propuesta:

- ¿Qué quiero llegar a ser como persona y cuáles son las más importantes metas de mi vida?
- ¿Deseo o desearía las cosas a que estoy expuesto para mis hijos? Si no es así ¿qué tendré que cambiar?
- ¿Qué personas de mi vida me estimulan a alcanzar normas altas?
- ¿Qué personas me permiten determinar mejor mis prioridades?
- ¿Qué cantidad de *alimento mental positivo* quiero consumir cada día o semana?
- ¿Qué escucho en mi auto la mayor parte del tiempo?
- ¿Cuánta televisión es lo adecuado para mí, considerando mis otros objetivos?
- ¿Qué tipos de programas debo incrementar, limitar o eliminar?
- ¿Cómo me gustaría cambiar debido a lo que leo?
- Si no hago cambios en lo que dejo entrar en mi mente, ¿qué tipo de persona seré dentro de diez años?

Se establecen reglas básicas para ayudarle a decidir *con antelación* de qué va a dejar llenar su mente de manera continua. Si no toma esa decisión de antemano, será muy fácil dejarse desviar por las costumbres de la cultura y ser conformado por lo que es actual, está de moda o es conveniente, en lugar de ser transformado por la renovación de su mente.

Una oración por protección

Señor y Dios:

Gracias por todas las influencias positivas que tengo hoy en mi vida. Gracias por todos los que han orado por mí y por los que orarán por mí en el futuro. Gracias en especial por las personas de gran fe que has puesto en mi camino y por el impacto positivo que han tenido en mi carácter.

Sepárame de las experiencias que comprometen todo mi potencial. Mantenme alerta del poder conformador de mi ambiente y las exposiciones constantes. Apártame de las distracciones, diversiones y tentaciones. Mantén mis pensamientos fijos más bien en todo lo que es verdadero, puro, amable y digno de alabanza. Sé que nada guarda mi corazón más que habitar en tu voluntad.

Protégeme, Padre, de cualquier persona o relación que con lentitud me lleve al camino equivocado. Hazme ser muy sensible a las personas que hay en mi vida y a las influencias que ejercen sobre mis hábitos espirituales, emocionales, mentales y físicos. Trae amigos genuinos y sabios a mi vida y disuelve cualquier lazo con aquellos que puedan debilitar mi relación contigo.

En el nombre de Jesús,

Amén

Una cosa hago...
A partir de hoy aumento mi potencial de gozo al personalizar y memorizar un versículo bíblico que me recuerde cuánto me ama Dios y cuánto quiere que viva con gozo.

CAPÍTULO 9

GRACIAS POR TODO
Viva con gratitud

Lo mejor que hay es dar gracias por todo. El que ha aprendido esto, sabe lo que significa vivir. Ha penetrado todo el misterio de la vida: dar gracias por todo.
ALBERT SCHWEITZER

Mi objetivo en este capítulo es ayudarlo a darse cuenta del poder que tiene la gratitud para ayudarle a llevar una vida fuerte, llena de gozo. Es probable que reconozca que la gratitud es vital para una vida de gozo. Pero ¿expresa usted ese agradecimiento hoy con sus pensamientos, palabras y acciones? ¿Estarían de acuerdo con usted sus amigos, familia y compañeros de trabajo? Nuestra moderna cultura febril, a menudo sobrecargada, puede distraernos con facilidad de proseguir con nuestras buenas intenciones. Es más fácil que nunca dar por sentadas nuestras bendiciones.

¿Cuán agradecido está usted? Tómese un momento para evaluarse mediante estas preguntas:

- ¿Qué hay de positivo y singular en nuestra familia?
- ¿Cuáles son tres de los mejores recuerdos de su primer año de casado?

- ¿Cuál es la meta más imponente que ya ha alcanzado?
- ¿Qué partes de su cuerpo tienden a funcionar muy bien la mayor parte del tiempo?
- ¿En qué maneras le ha mostrado Dios su gracia recientemente?
- ¿Cuál es el mejor cumplido que ha recibido en el último mes?
- ¿Cuál es la lección más valiosa que ha aprendido de otra persona?
- ¿Qué es lo más hermoso que ha visto en la última semana?
- ¿Cuál ha sido la crisis o situación más difícil del pasado que, vista en perspectiva, se ha convertido en una bendición o le ha beneficiado de alguna forma?
- ¿Cuál es la cosa número uno por la cual va a estar agradecido sobre esta fecha el año que viene?

¿Cómo le fue? ¿Le ha dado gracias a Dios de manera apropiada por las bendiciones que le rodean? ¿Saben las personas que usted más ama lo agradecido que está por ellas?

¿Alguna vez ha pensado en cultivar el arte perdido de la gratitud? Puede que sea el único ingrediente indispensable en su receta para una vida llena de gozo. En las páginas que siguen se pondrá en sintonía con el poder transformador de la gratitud. Yo creo que usted ya sabe lo que tiene que hacer: notar las bendiciones que hay en su vida, agradecer a Dios por ellas, y expresar su gratitud a los demás. Con este capítulo quiero que comience a *hacer más de lo que ya sabe!* Verá que su capacidad para el gozo aumenta a medida que crece su sentido de la gratitud. Siempre que se sienta agradecido por cierto aspecto de su vida, o por su vida en general, estará en sintonía con el Principio 4:8. De los capítulos 5 y 6, recuerde que usted sentirá según a lo que se aferre. Lejos de ser un medidor exacto de nuestra vida, sus emociones revelan la calidad de sus pensamientos en un momento dado.

Esa sensación de gratitud que siente quiere decir que ha estado albergando sentimientos de agradecimiento por la abundancia en su vida. El que tenga una sensación de deficiencia no quiere decir que le falte algo importante. Lo que sí quiere decir es que ha pensado hace poco en lo que falta, y lo más probable es que ha echado a un lado lo *presente*. Puede que haya estado pensando en las extravagancias molestas de su cónyuge y pasando por alto todas las razones por las que se casó con él. Puede que haya pensado que está bajo presión financiera y se olvide de que tiene casi todo lo que el dinero no puede comprar.

La gratitud es una convicción, una práctica y una disciplina. Es un nutriente esencial, algo así como un aminoácido espiritual para el crecimiento, la creatividad y el gozo humano. La gratitud implica canalizar su energía y atención hacia lo que está presente y funciona en vez de lo que está ausente o es inefectivo. La gratitud es como un engranaje mental que lo lleva de la turbulencia a la paz, del estancamiento a la creatividad. La gratitud le trae de vuelta al momento presente, a todo lo que funciona bien en su vida ahora mismo. **La gratitud es la piedra angular de un actitud incontenible.** Y la gratitud puede cultivarse y luego sentirse en niveles cada vez más profundos.

191

La gratitud es también un antídoto efectivo contra la mayoría de las emociones negativas. Usted no puede sentir gratitud y hostilidad al mismo tiempo, tiene que escoger. ¿Cuál de las dos será? Mientras más agradecido esté usted hoy, más cosas notará mañana por las cuales estar agradecido. Por el otro lado, mientras menos agradecido esté hoy, menos bendiciones tenderá a reconocer mañana. El filósofo griego Epicteto dijo: «Es sabio el hombre que no se aflige por las cosas que no tiene, sino que se regocija en las que tiene».

Usted va a obtener más gozo de su negocio, de su matrimonio, de su vida familiar y de todos los demás aspectos de su existencia cuando se haga el compromiso de ser una persona genuinamente agradecida. El poder de la gratitud es innegable e inmenso.

Obstáculos a la gratitud

Si la gratitud es tan importante, ¿por qué todo el mundo no la practica? Porque es tanto una habilidad como un sentimiento. Es una alternativa y una reacción. Algunos obstáculos comunes pueden disolver su capacidad para agradecer al máximo sus bendiciones. Cada uno de ellos puede hacerle sentir deficiente. Cuando usted está alerta ante esos obstáculos a la gratitud, puede reducir al mínimo su influencia, de modo que no obstruyan su potencial para el gozo.

1. «Ruido» excesivo. Con esto me refiero a la misma velocidad de la vida. El contacto constante vía teléfonos móviles y correo electrónico con los compromisos, obligaciones y plazos que están al vencer nos mantiene llenos de urgencia. Piense en eso. ¿Cuán a menudo recibe una llamada en su celular para hablarle de uno de sus objetivos a largo plazo? ¿Cuán a menudo recibe un correo electrónico que le recuerde estar agradecido por su pareja o que dedique más tiempo a sus hijos? Rara vez. Esas herramientas de conveniencia y eficiencia están diseñadas para ayudarle a reaccionar con rapidez a las demandas del día, no para que actúe con respecto a sus valores más importantes.

2. Exposición exagerada a los medios de difusión. Mirar demasiada televisión y leer en exceso los periódicos tienden a recordarnos lo que no está bien en el mundo. Por otro lado, provee abundante material para motivos de oración. ¿Está de acuerdo en que la profusión de medios de difusión parece proveer una avalancha de información, pero un claro déficit de sabiduría? Mirar las noticias nos expone a muchos problemas, pero a muy pocas soluciones. Yo no sé la respuesta, pero ¿qué cantidad de noticias necesitamos en realidad? Vale la pena preguntarse. Eso no significa que para ser agradecido uno tenga que botar su televisor ni dejar de leer periódicos; sin embargo, puede utilizarlos menos y ver si produce en usted la diferencia positiva que ha producido en algunos de mis clientes. Haga la prueba y juzgue por los resultados. Con frecuencia, cuando uno reduce la ingestión de acontecimientos actuales y otras exposiciones temporales, y aumenta su ingestión de materiales atemporales, el resultado es una notable diferencia en su perspectiva.

3. La actitud de «me lo deben». Este es el concepto bastante moderno de que algunas personas o grupos nos deben algo; que merecemos algo de los demás. Con esta mentalidad, incluso si recibimos algo, no es un regalo, sino un derecho. Esta actitud disuelve la gratitud al momento. Nada es tan potente, ni destruye con tanta rapidez su potencial de gozo como la actitud de que se tiene derecho, o la «cultura de la queja», como algunos le han puesto. Los llorones y quejumbrosos nos rodean y a menudo parecen competir para ver quién tiene la peor queja contra la sociedad, o quién puede ser el más ofendido. Aunque puede que nos riamos de este fenómeno o tratemos de distanciarnos de él, embota a demasiadas personas y contamina a las generaciones por venir. Los que consumen sin contribuir a la sociedad desarrollan una profunda sensación de vacío, lo que suspende la emoción de la gratitud por tiempo indefinido.

Muy relacionado con el derecho, pero a un nivel más personal, está lo que yo llamo la Ley de la Familiaridad. Eso solo significa que mientras más tiempo haya estado expuesto a una bendición particular en su vida, más probabilidades tendrá de tomarla como algo natural. Empieza a sentirse que *se lo merece* a ella, en vez de *estar agradecido* por ella. Para llevar al máximo su potencial de gozo, tiene que salirse de su costumbre y cerciorarse de que no toma como algo natural las relaciones maravillosas y otras bendiciones que tiene en la vida. Recuerde: la gratitud ensancha el gozo, y el creer que uno se lo merece todo lo encoge.

> **Un hombre orgulloso es rara vez un hombre agradecido, porque nunca cree que tiene todo lo que se merece.**
>
> HENRY WARD BEECHER

4. La preocupación, o pronóstico negativo. Este PMM (pensamiento muy malo) es distinto a estar preocupado o consciente, lo que va acompañado siempre de una acción productiva. La preocupación implica pensar en posibles resultados negativos *sin hacer nada al respecto*. La preocupación es el resultado de pensar en lo que usted espera que no ocurra, pero *teme* que ocurra. Si estuviera prediciendo resultados positivos no estaría preocupado, ¿verdad? La preocupación es cuando usted confía más en sus temores que lo que confía en Dios. En los dos versículos que preceden a Filipenses 4:8, Pablo escribe: «Por nada estéis afanosos, sino sean conocidas vuestras peticiones delante de Dios en toda oración y ruego, con acción de gracias. Y la paz de Dios, que sobrepasa todo entendimiento, guardará vuestros corazones y vuestros pensamientos en Cristo Jesús» (Filipenses 4:6-7).

Lo peor de la preocupación es que desplaza y luego disuelve los pensamientos genuinos de gratitud. Usted no puede preocuparse y sentir gratitud al mismo tiempo. Puede oscilar, por supuesto. Puede preocuparse un ratito, estar agradecido un ratico, preocuparse un ratito, y así sucesivamente. ¿Ha tenido alguna vez un día así? Yo sé que yo sí. Pero no tiene por qué ser de esa forma. Cuando usted se concentra a propósito en las bendiciones actuales o incluso en las futuras, la preocupación se desvanece. Se sale de su vida. Claro, esto requiere un poco de práctica, pero verá el progreso desde la primera vez que lo intente. Para mí ha sido de ayuda recordar estas palabras de Mark Twain: «He sufrido cosas terribles en mi vida, algunas de las cuales sucedieron de verdad». La mayor parte de lo que nos preocupa nunca ocurre. Para debilitar el baluarte de la preocupación crónica, repase y ponga en funcionamiento la estrategia de cuarentena del capítulo anterior.

5. Materialismo y consumismo. Una forma jocosa de llamar a esto es *síndrome de deficiencia crónica* (en forma abreviada: SDC). Esto, que es en parte una maldición y en parte una bendición, es inherente a la naturaleza humana. Los beneficios incluyen los avances tecnológicos y otros avances sociales. En cierto sentido, nuestra sociedad de consumo debe su existencia a su capacidad de alimentar el descontento y el apetito insaciable de tener más cosas. Somos bombardeados con miles de imágenes de mercadeo cada día, que nos recuerdan que

196

- Podemos ser más ricos.
- Nuestro cónyuge puede tener mejor carácter.
- Podemos ser más delgados.
- Nuestro aliento puede ser más fresco.
- Nuestra ropa de cama puede ser más blanca.
- Nuestras alfombras pueden estar más limpias.
- Nuestros hijos pueden ser más avispados, etc.

El SDC puede dominar nuestras actitudes, a menos que lo contrarrestemos siempre con gratitud. Mientras las personas más busquen quedar satisfechas como consumidores, más vacías podrán volverse como seres humanos. La gratitud, por otra parte, nos hace sentir que ya tenemos suficiente. La ingratitud nos deja en un estado de carencia en el que estamos siempre buscando algo más. Piense en eso. ¿Dónde ha estado buscando satisfacción en tiempos recientes? ¿En las posesiones materiales? ¿En el prestigio intelectual? ¿En la posición social? A la luz de sus experiencias pasadas, ¿cree que sería feliz si tuviera un poquito más?

6. Mentalidad de escasez. Es una creencia demasiado común el pensar que el pastel de la abundancia tiene solo una cantidad limitada de pedazos. Es un miedo muy arraigado de que no haya suficiente «de lo bueno» para todo el mundo. Por supuesto, la creación de Dios no es limitada ni escasa en lo más mínimo, pero cuando de manera errónea creemos que lo es, para todos los fines prácticos lo es... para nosotros. Una mentalidad de escasez se caracteriza por pensamientos como *Si ella gana, yo pierdo* o *Si él los obtiene, entonces yo no*. Pero piense que puede hornear un pastel más grande. Puede crear más valores en su casa, en su comunidad y en el mundo, y esa abundancia se perpetúa por sí misma. Mientras más cree usted, más personas serán impactadas y más abundancia será multiplicada. Sentirá una abundancia permanente solo cuando se dé cuenta de que ya tiene todo lo que necesita para tener un completo gozo.

7. Falta de una relación e intimidad con Dios. Vea que he dejado lo mejor para el final. Cuando usted está bien con Dios, con naturalidad y humildad aprecia la vida como lo que es: un regalo temporal, un tesoro con fecha de vencimiento desconocida. Esta relación con Dios es natural que produzca cierto sobrecogimiento en la vida, así como agradecimiento por lo que ella tiene para ofrecer y por lo que usted tiene para ofrecer al mundo. Como dijo Jesús: «Yo soy la vid, vosotros los pámpanos; el que permanece en mí, y yo en él, éste lleva mucho fruto; porque separados de mí nada podéis hacer» (Juan 15:5).

> Solo los que son juiciosos de verdad son agradecidos de verdad.

La naturaleza de la gratitud

Ahora que conoce la resistencia que puede encontrar, quiero exhortarlo —en el resto de este libro y más allá— a pensar en la gratitud de tres maneras diferentes. Esas maneras le animarán a practicar activamente la gratitud, y harán que su potencial para el gozo se eleve a una altura permanente.

- **La gratitud es un *sentimiento*.** Es una sensación de gozo y agradecimiento por recibir un regalo, bien sea un objeto concreto o un gesto abstracto.

- **La gratitud es una *capacidad*.** Es la capacidad aprendida de descubrir y crearle significado y valor a las situaciones y relaciones cotidianas.

- **La gratitud es una *opción*.** Es una decisión consciente y deliberada de fijarse en las bendiciones de la vida en vez de en sus defectos. La vida siempre tendrá defectos y siempre tendrá virtudes. Cuando uno se fija en las bendiciones, uno siente que su vida es abundante. Cuando se fija en lo que falta, la siente incompleta. Como ya sabe, donde uno enfoca el proyector es una cuestión de decisión.

Comoquiera que lo mire, la gratitud es una fuerza magnética poderosa que atrae a personas llenas de gozo y acaecimientos a su vida. Me alegra decirle que la gratitud no es algo que usted tiene de nacimiento. Al menos podemos dar gracias por eso, ¿verdad? La gratitud se puede aprender y cultivar

> Asuma la actitud, aunque no la tenga.
>
> WILLIAM SHAKESPEARE

durante toda la vida. Pero ¿es posible hacer crecer la gratitud de uno hasta el punto que sea visible a los demás?

¿Sobresale su gratitud?

¿Sobresale en este momento su gratitud por encima de la multitud? Recuerde: más gratitud, ¡más gozo tendrá! ¿Qué tendría que sucederle a usted para que ganara la reputación de ser una persona muy agradecida? Para ser conocido por su gratitud, primero tiene que hacer el cambio de la gratitud *rutinaria* a la *excepcional*.

199

La gratitud rutinaria es la gratitud normal. Es ordinaria, reactiva y con frecuencia superficial. Incluye dar las gracias después de recibir un regalo o un gesto de ayuda. Si alguien le cede el paso cuando se incorpora a una vía, usted piensa para sí o hace un gesto dando gracias al otro chofer. Cuando alguien sostiene una puerta para usted, usted dice gracias. Cuando le entregan su comida por el ventanillo de autoservicio, le da las gracias al empleado. Esos son ejemplos típicos de gratitud rutinaria.

Algunas personas desarrollan un sentimiento de gratitud inmediato cuando oyen hablar de un accidente o una tragedia en la vida de otro. Esto las saca de su complacencia, y como resultado se sienten agradecidas por su propia vida y seguridad. Esto es también gratitud rutinaria. Pero ¿no sería maravilloso si no necesitáramos las desgracias de los demás para recordarnos las bendiciones que tenemos en la vida? En el mundo de hoy es fácil volverse insensible a cualquier cosa que no sean las tragedias más horrendas. Podemos oír a alguien comentar un horrible accidente automovilístico o un crimen cometido, y nos entra por un oído y nos sale por el otro. Nos pasa rozando por encima, y es difícil que nos inquiete. Incluso parece que la gratitud, tardía pero intensa por nuestra libertad, nuestras familias y nuestra fe que desencadenaron los hechos del 11 de septiembre de 2001, ya fue opacada por el paso del tiempo, al menos para aquellos que no tenían seres queridos que estuvieran directamente involucrados. La buena noticia es que uno tiene la opción de trasladarse a un nivel completamente nuevo de agradecimiento y acción de gracias.

200	La siguiente etapa es llamada **gratitud excepcional.** Esta es intencional, provisora y extraordinaria. Es coherente con el Principio 4:8 y sin duda es la excepción de la regla de la gratitud rutinaria. Cualquiera puede estar agradecido de algo obvio que se puede observar, pero hace falta una persona llena de gozo que perciba la semilla de mostaza del potencial en una situación espinosa o con un individuo difícil. Expresar las gracias incluso por las cosas más pequeñas es donde comienza la *gratitud excepcional*. No hay necesidad de esperar por la oportunidad perfecta. ¡Exprese su gratitud por el progreso ahora! **La gratitud excepcional se refiere a manifestaciones de agradecimiento que no son motivados por la tragedia, el dolor ni desgracia de otro. La gratitud excepcional no necesita que nada falte para que se aprecie.** Esta clase de gratitud es lo que tenía en mente Pablo cuando escribió a los tesalonicenses: «Dad gracias en todo, porque esta es la voluntad de Dios para con vosotros en Cristo Jesús» (1 Tesalonicenses 5:18).

Es triste, pero a veces actuamos como si fuéramos a vivir para siempre y hoy no fuera otra cosa que un ensayo. Pensamos que siempre podremos presentarnos, actualizarnos o arreglarnos mañana. Nos convencemos de que tendremos otra oportunidad. ¿Ha pensado alguna vez en si la víctima del accidente automovilístico de hoy se acordó de decirle a su familia cuánto les quería y apreciaba? ¿Sabía ella cuánto la apreciaban? Cada mañana, personas que nada sospechan salen por la puerta delantera para no regresar jamás a su casa, víctimas de accidentes, ataques cardíacos, violencia y otras formas de muerte súbita. Cuando usted practica la gratitud excepcional, disfruta de la paz de saber que ha dicho lo que tenía que decirse y que ha mostrado aprecio a las personas más importantes de su vida.

201

La gratitud excepcional significa también estar al tanto de las bendiciones universales, las cosas que benefician a todos. Es sentir el poder de la gratitud por medio de esas cosas que son comunes a todos nosotros:

- El amor de Dios
- Nuestro cuerpo
- Nuestro cerebro
- La luz del sol y la lluvia
- Los bosques y los desiertos
- Las montañas y las playas
- La libertad en todas sus formas
- La tecnología
- Las relaciones
- Y muchas cosas más...

Gratitud excepcional es expresar agradecimiento por las pequeñas cosas de la vida que no son tan pequeñas, como las sonrisas, los abrazos, la música, la plomería interior, el aire acondicionado, el agua limpia, la ciencia, la educación, los cinturones de auto, los antibióticos, nuestro sistema inmunológico y las segundas oportunidades, para mencionar solo unas cuantas.

La gratitud excepcional también incluye el hábito de apreciar a otras personas. Cuando algo es apreciado, se incrementa su valor, ¿verdad? Cuando se aprecia con sinceridad a las personas, su autovaloración también se eleva. Si quiere aumentar el valor de algo en su vida, ocúpese mejor de ello. Si quiere aumentar el valor de ciertas relaciones clave, considérelas valiosas. En este instante quizá su cónyuge pueda beneficiarse de algo de gratitud excepcional. O es posible que sean sus hijos o incluso sus padres, los que estén hambrientos de aprecio. Quienquiera que sea, ocúpese mejor de ellos. Hónrelos con más interés y atención. Piense en lo que tienen de bueno. Mírelos a través del lente de Filipenses 4:8. Siempre hay algo que es grande o que puede ser grande. Y hay una ganancia extra cuando usted aprecia a los demás. No solo incrementa el valor de ellos, sino el suyo también.

Nada me ha motivado más como entrenador que el agradecimiento sincero que he recibido de mis clientes del Club 1% a través de los años. En más de una ocasión he recibido una nota, una llamada telefónica o un correo electrónico en el momento justo que me inspiró a andar otra milla: estudiar más, escribir más, hablar más, estimular más y esforzarme por ser más de lo que de otra manera hubiera sido o hecho.

Ser agradecido es reconocer el amor de Dios en todo lo que nos ha dado y nos lo ha dado todo. Cada aliento que inspiramos es un don de su amor. Cada momento de existencia es una gracia, porque trae consigo inmensas gracias de parte de Él. Por lo tanto, la gratitud no piensa que se lo merece todo, nunca es insensible, siempre despierta a alguna nueva maravilla y a alabar las bondades de Dios, porque la persona agradecida sabe que Dios es bueno, no de oídas, sino por experiencia propia, y eso es lo que marca la diferencia.

THOMAS MERTON

203

Cuarenta formas de expresar su gratitud ¡ahora!

¿Está listo para salir a una parranda de acción de gracias? No, no me refiero a una fiesta. Hablo de tomar un impulso rápido hacia un estilo de vida excepcionalmente agradecido, una forma de vida que le alinea de manera automática sus pensamientos con el Principio 4:8 y protege su corazón de las fuerzas de la negatividad. Los estimuladores de pensamientos relacionados debajo le darán un plan de juego de inicio rápido para mejorar su actitud. La mayoría de esas ideas me las han dado mis clientes. ¡Ahora son suyas! Le exhorto a apropiarse de esas ideas y a comenzar a implementar las que tocan una cuerda de su corazón. La parranda comienza oficialmente ahora.

1. Por la noche, cuente sus bendiciones en silencio mientras se queda dormido.

2. Cuente sus bendiciones en la cama por la mañana, cuando suene el despertador.

3. Anote en su diario sus bendiciones durante tres minutos apenas se levanta en la mañana.

4. Haga una lista de las cosas por las que espera estar agradecido dentro de diez años.

5. Antes de dar gracias por la comida, analicen cosas específicas por las que están agradecidos como familia.

6. Cada día envíe un breve correo electrónico de agradecimiento a alguien que le haya ayudado de alguna forma, grande o pequeña.

7. Deje mini-notas de agradecimiento por la casa, a fin de que su familia sepa que usted tiene en cuenta los esfuerzos de cada uno.

8. Deje notas rápidas de agradecimiento por la oficina para asegurarse de que sus compañeros de trabajo sepan que usted tiene en cuenta sus esfuerzos.

9. Haga un listado de veintiuna cosas por las que esté agradecido, y medite en esa lista durante quince minutos sin distraerse.

10. Anote sus bendiciones durante tres minutos antes de acostarse.

11. Ande una milla extra para ayudar a alguien que lo haya ayudado a usted.

12. Ande la milla extra para ayudar a alguien que no le haya ayudado a usted.

13. Pídale a Dios una sensación más grande de asombro y agradecimiento.

14. Prepare sorpresas cómicas o pequeñas recompensas para los que usted aprecia.

15. Pregúnteles a las personas que son importantes en su vida lo que las hace sentir apreciadas.

16. Repita la afirmación: «Tengo tantas bendiciones. Tengo tantas bendiciones». Repítalo en silencio una y otra vez cuando se esté quedando dormido, cuando haga ejercicios y mientras conduzca solo a algún lugar.

17. Dé gracias a alguien, aunque quizá con retraso, por la ayuda, aliento o asistencia que haya provisto en el pasado.

18. Dese usted mismo algo especial para mostrar agradecimiento por ser único e irreemplazable.

19. Muestre gratitud por un ser querido en particular como si fuera su última oportunidad de hacerlo.

20. Relacione todas las posesiones que hay en un cuarto de su casa. Dé gracias a Dios por las que está contento de tener, y luego regale o deshágase del resto.

21. Haga una lista de siete personas que le hayan enseñado lecciones importantes en la vida.

22. Alabe a Dios por los aspectos de su vida que están andando bien en este momento.

23. Haga una lista de los errores que usted es afortunado de no haber cometido.

24. Dígale a Dios cuán agradecido está por cada vez que ha tenido una segunda oportunidad en algo.

25. Recuerde las mejores decisiones que haya hecho de adulto.

26. Analice con un buen amigo algunas de las cosas que usted solía desear, pero que ahora está contento de no tener.

27. Envíe una nota escrita de agradecimiento a alguien cada semana.

28. Siéntese inmóvil por completo, sin distracciones ni ruidos, durante quince minutos.

29. Separe un pequeño espacio de tiempo cada semana para repasar las cosas positivas que han sucedido en la semana que ha transcurrido.

30. Escriba una breve nota de aliento a alguien que nunca la esperaría de usted.

31. Salude a cada uno con la clase de sonrisa que usted exhibiría si hubiera acabado de recibir noticias maravillosas.

32. Mantenga un registro de las metas alcanzadas o de las oraciones contestadas.

33. Repase con su cónyuge o un amigo cercano todas las cosas positivas que hayan sucedido en el último mes.

34. Eleve oraciones de acción de gracias por adelantado por las cosas emocionantes que cree que Dios va a hacer en su vida.

35. Escriba a un antiguo maestro, entrenador, profesor o jefe, y exprésele agradecimiento por lo que usted aprecia en él.

36. Escriba una carta formal de agradecimiento a alguien que haya ejercido una influencia positiva notable en su vida hoy.

37. Muestre una gratitud extrema por su cuerpo físico al mejorar la forma en que lo trata durante un período de setenta y dos horas.

38. Eleve una oración rápida de agradecimiento por to-
    das las cosas de su vida que no necesiten arreglarse.
39. Haga una lista de las personas que lo hayan empu-
    jado a ser mejor.
40. Ore y pida bendiciones extra para la vida de alguien
    que no creyera en usted y como resultado lo moti-
    vara a demostrarse a sí mismo.

¡Ahora debe tener muchas ideas! En realidad, sospecho
que tiene mucho más de las que quizá pueda usar. No podrá
decir que su entrenador no se esforzó, ¿verdad? Pero tengo
curiosidad. ¿Cuál de las ideas le tocó más? ¿Qué idea va a
poner en práctica primero? ¿Qué idea puede usar *hoy*? Y
¿quién aparte de usted se sentirá bendecido como resultado
de su esfuerzo?

¿Recuerda que mi objetivo para este capítulo era ayudar-
le a ser hipersensible al poder de la gratitud para vivir una
vida llena de gozo? ¿Logré mi objetivo? Creo que eso depen-
de de qué pasos dé usted ahora.

Para concluir este capítulo final, me gustaría darle las
gracias por exigir una norma más alta. Gracias por rasgar el
sobre de su potencial total. ¡Gracias por buscar una vida lle-
na de gozo! Gracias por leer *El Principio 4:8*. Y gracias por
hablar de este libro y de sus ideas a aquellos a los que ama y
por los que se preocupa más. ¡Gracias por todo!

Una oración de agradecimiento

Querido Señor:

Gracias por todo lo que eres. Te alabo por tu ilimitado poder. Estás listo y deseoso de ayudarme con cualquier cosa. Te alabo por tu amor sin límites. Sé que estás dedicado a lo que es mejor para mí.

Te alabo, Señor, por saberlo todo. Gracias por tener respuestas para todas mis preguntas y soluciones para todos mis problemas. Te alabo por ser la fuente de toda bondad en mi vida. Gracias por suplir en abundancia todas mis necesidades.

Te alabo por ser mi siempre presente Buen Pastor. Gracias por ser un poder real, activo y vívido en mi vida: hoy, siempre y para siempre. Pero más que todo, te doy gracias por tu gracia y misericordia, mi fuente final de gozo.

En el nombre de Jesús,

Amén

Una cosa hago...
A partir de hoy aumento mi potencial de gozo al agradecerle a Dios por adelantado todas las bendiciones maravillosas que tiene reservadas para mí en los próximos diez años.

RESUMEN DE LA TERCERA PARTE

Defienda su gozo

- A menudo permitimos que las ideas negativas y las opiniones de los demás echen a perder nuestro potencial de gozo. Si toma la iniciativa, podrá construir su propia protección antivirus y aislar su programación mental de esos ladrones del gozo.

- El gozo auténtico siempre se puede identificar por el inequívoco salto de fe que se da primero. Para activar esa fe, ponga su actitud en consonancia con sus oraciones, incluso antes de tener una razón concreta para estar esperanzado.

- Frecuentar la compañía de personas que no tienen una visión verdadera o que limitan a Dios con sus actitudes cáusticas le pone en un riesgo serio de deslizarse hasta el nivel de ellas. Aun peor, lo más probable es que no se dé cuenta de que su carácter está cambiando. Busque activamente buenas compañías e influencias positivas.

- La gratitud es una convicción, una práctica y una disciplina. Es un alimento espiritual para el crecimiento humano, la creatividad y el gozo. La gratitud puede cultivarse y después sentirse a niveles cada vez más profundos.

Guarde su corazón

El Desafío 4:8

1. ¿Cuán calculador es usted en la manera de usar los Primeros Quince y los Últimos Quince minutos de

209

cada día? ¿Qué es lo que suele captar su atención antes de quedarse dormido por la noche?

2. ¿Cómo podría usted usar mejor su tiempo en el auto para aprender, crecer y mantenerse concentrado en lo que es amable, puro, bueno y digno de alabanza?

3. ¿Están sus relaciones en concordancia con sus ambiciones? ¿Invierte ahora tiempo suficiente con personas que edifiquen su carácter? En caso contrario, ¿cómo puede volver al camino correcto?

4. ¿De qué maneras puede expresar agradecimiento a sus seres queridos durante las próximas veinticuatro horas? ¿Cómo podría mantener ese hábito por tiempo indefinido?

¡USTED ES LO QUE PIENSA!

Nosotros nos alegraremos en tu salvación, y alzaremos pendón en el nombre de nuestro Dios; conceda Jehová todas tus peticiones.
SALMO 20:5

¡Bien hecho!

Ahora que ha llegado al final de *El Principio 4:8* quiero darle un plan de acción y algunas herramientas adicionales para hacer aun más fácil llevar a la práctica los principios que ha aprendido, lo antes posible. Y lo más importante: encontrará algunos recursos extra en este epílogo que le ayudarán a mantener su progreso.

El primer paso para pensar mejor y tener una existencia llena de gozo aquí en la tierra es estar consciente de nuestra vida mental. La mayoría de las personas solo se dejan llevar por la corriente turbulenta de pensamientos, sentimientos y comportamientos reactivos. En lo esencial están ajenas a la relación entre su estado mental y sus circunstancias; viven de forma pasiva un guión vital frustrante y repetitivo, que al final las hace resignarse a mucho menos de lo mejor que Dios les ha dado. ¡Eso *no es* para usted, sobre todo ahora que ha aprendido el Principio 4:8!

Esté como esté su vida en estos momentos, podrá llegar al siguiente nivel si de verdad cree que puede. Su potencial para el gozo está limitado solo por su nivel de propósito en cuanto a tener pensamientos gozosos la mayor parte del tiempo. Pero antes que vea mejorías, debe cambiar su manera de pensar. Cualquier otro tipo de cambio será solo temporal.

En un sentido bien real, usted es lo que piensa que es. Entonces, empiece por cambiar su vida mental. ¡Renueve su mente! Por dicha, podrá ser bastante sencillo si estructura sus esfuerzos alrededor del Principio 4:8.

En la introducción mencioné que había escrito *El Principio 4:8* para impelerle hacia nuevas maneras de pensar, de hablar y de actuar. Ahora que ya ha leído el libro, ¿de qué formas está mirando algo diferente a su mundo? ¿De qué maneras está filtrando sus circunstancias con el Principio 4:8? Como entrenador suyo que soy, permítame exhortarle a que se tome un momento para evaluar su comprensión del Principio 4:8 con el breve repaso que sigue. Después que lea las preguntas de cada capítulo, evalúe su comprensión en una escala del 1 al 10 (con 10 como el nivel máximo). Hallará estas preguntas de resumen muy buenas también para un grupo pequeño de estudio.

PRIMERA PARTE

En esto pensad

Descubra su gozo

_____CAPÍTULO 1 | La vida como debió ser: *Descubra el secreto de una vida llena de gozo*

¿Cuál es el secreto de una vida llena de gozo? ¿De qué formas la gente busca el gozo donde no debe? ¿Por qué es importante demostrar gozo por la manera en que vivimos nuestra vida? ¿Por qué es que usted escoge los pensamientos que tiene? Hasta este momento, ¿ha sido un mayordomo fiel de su vida mental? ¿De qué manera?

_____CAPÍTULO 2 | Un nuevo comienzo: *Concéntrese en lo que produce gozo*

¿Por qué está tan difundido el decirnos cosas destructivas? ¿Qué tendría usted que abandonar para pensar más de acuerdo con Filipenses 4:8? ¿Puede decir algunas mejoras de su vida que no impliquen primero un cambio en los pensamientos? ¿Cómo es posible ver oportunidades donde antes solo había problemas? ¿Cómo podría usar usted las Preguntas 4:8 para disciplinar su mente?

_____CAPÍTULO 3 | ¡Vaya, ese soy yo!: *Asuma la identidad que Dios le dio*

¿Cómo influye su concepto de sí mismo en su potencial para el gozo? ¿De dónde procede un concepto mediocre de sí mismo? ¿Cuál es su autoideal y cómo es relevante al Principio 4:8? ¿De qué maneras puede usted anular la programación negativa anterior? Hasta hoy, ¿quién es el «Impostor» en su vida? ¿Como podría ayudarle a practicar mejor el Principio 4:8 el pensar como un atleta de clase mundial? ¿Se ha dado permiso para vivir la vida a plenitud?

SEGUNDA PARTE

Poder, amor y dominio propio

Desarrolle su gozo

¿Cuál es la fuente verdadera de la autovaloración? ¿Cómo puede interferir con su potencial de gozo el buscar la aprobación de los demás? ¿Cómo mejora su concepto de sí mismo cuando usted «se pone de acuerdo con su Creador»? ¿Cuál es la retribución por aferrarse a viejas heridas y alimentarlas con atención? ¿Cómo reduce la culpa su potencial para el gozo? A la luz de los planes de Dios para su vida, ¿qué clase de conversaciones privadas debería tener consigo mismo cada mañana? ¿Está de acuerdo en que el gozo es muy parecido a la «felicidad preventiva»?

¿Está usted aprovechando al máximo cada momento con el interés, asombro y emoción de un niño pequeño? ¿Menciona a Dios más a menudo de lo que menciona a su adversidad? ¿Cuáles son sus objetivos emocionales y qué debe hacer de manera diferente para sentir más a menudo esos sentimientos que desea? ¿Todavía se aferra a pensamientos que no lo han ayudado mucho en el pasado? ¿Cómo puede usar la Ley del Intercambio para fortalecer con rapidez su vida emocional? Cuando usted «no quiere hacerlo», ¿es insincero o falso comportarse de una manera consecuente con sus valores, o es solo un acto de disciplina? ¿En qué se parecen las emociones negativas a una olla de agua hirviendo?

¿Cómo es que escoger los Pensamientos 4:8 ayuda a producir la vida emocional que usted desea? ¿Cuál es la relación entre su fortaleza emocional y sus decisiones morales? ¿Cuáles son algunos de los PMM (pensamientos muy malos) que han plagado su vida emocional hasta hoy? ¿Cómo es que aceptar la responsabilidad desactiva las emociones negativas? ¿Cómo el «desahogarse» puede ayudar y dañar al mismo tiempo una relación importante? ¿Cómo la práctica de la compasión con los demás mejora de verdad su propia salud emocional? ¿De qué proceso son síntomas el estrés y la tensión?

TERCERA PARTE

Guarde su corazón

Defienda su gozo

¿Cómo influyen en su potencial para el gozo las cosas que usted lee, mira o escucha? ¿De qué maneras sus circunstancias actuales son como un espejo de su vida mental y emocional? ¿En qué sentido es usted el portero de su mente? ¿Por qué debe ver televisión con moderación? ¿Glorifican a Dios los primeros quince minutos de su mañana y colocan el fundamento para un día lleno de gozo? ¿Por qué la hora de acostarse es quizá el peor momento para ser negativo?

____CAPÍTULO 8 | Ponga su mente a prueba de basura: *Estrategias para tener una mente sana*

¿Cuánto gozo cree que pueda soportar? La mayoría de las personas con las que pasa su tiempo, ¿aumentan su gozo? ¿De qué forma memorizar versículos bíblicos activa la Ley del Intercambio? ¿Habla usted por lo general más de las cosas que quiere tener o de las cosas que espera evitar? ¿Cuán a menudo visualiza el tremendo futuro que Dios ha planeado para usted? ¿Qué pasaría si comenzara a programar su negatividad (quejas, preocupaciones, etc.)? Para llevar al máximo su potencial de gozo, ¿qué reglas básicas debe establecer para que su mente esté a prueba de basura?

____CAPÍTULO 9 | Gracias por todo: *Viva con gratitud*

¿Le ha dado las gracias a Dios como es debido por las bendiciones que le rodean? ¿Saben las personas que usted más ama lo agradecido que se siente por ellas? ¿Qué bloqueos de la gratitud son los que más le oprimen? ¿De qué maneras sobresale su gratitud? ¿Cuál es la diferencia entre la gratitud rutinaria y la gratitud excepcional? ¿Cómo es que usted aprecia de manera permanente a las personas más importantes en su vida?

RECAPITULACIÓN

¿Cómo le ha ido? ¿Ha identificado algunos aspectos en que su pensamiento ya esté alineado con Filipenses 4:8? ¿Ha descubierto algún punto ciego o un área de debilidad? En el espíritu del Principio 4:8, deseo que contemple a cualquier punto débil como una oportunidad, no como un problema ni limitación. Regrese en su mente al capítulo 2, «Un nuevo comienzo». Considere las preguntas que hemos hecho y la pregunta clave que debe responder ahora:

217

¿Le gustaría crecer en su fe?

¿Qué cambio debe ocurrir primero en sus pensamientos?

¿Le gustaría vencer algún problema en particular?

¿Qué cambio debe ocurrir primero en sus pensamientos?

¿Le gustaría salirse de una rutina aburrida?

¿Qué cambio debe ocurrir primero en sus pensamientos?

¿Quiere acercarse más a su cónyuge?

¿Qué cambio debe ocurrir primero en sus pensamientos?

¿Le gustaria desarrollar un caracter como el de Cristo?

¿Qué cambio debe ocurrir primero en sus pensamientos?

¿Le gustaría ejercer una influencia aun mayor en la vida de sus hijos?

¿Qué cambio debe ocurrir primero en sus pensamientos?

¿Aspira a niveles más altos de energía física y vitalidad?

¿Qué cambio debe ocurrir primero en sus pensamientos?

¿Le gustaría ser más resistente desde el punto de vista emocional?
¿Qué cambio debe ocurrir primero en sus pensamientos?

¿Quisiera estar en una mejor situación financiera?
¿Qué cambio debe ocurrir primero en sus pensamientos?

¿Quisiera vencer algún hábito contraproducente en específico?
¿Qué cambio debe ocurrir primero en sus pensamientos?

¿Quisiera hacer un impacto positivo mayor en su negocio o comunidad?
¿Qué cambio debe ocurrir primero en sus pensamientos?

¿Quisiera estar lleno de gozo?
¿Qué cambio debe ocurrir primero en sus pensamientos?

LA RESPUESTA ES LA PREGUNTA

Todos queremos experimentar una vida más completa, más profunda y más significativa. ¿A quién no le gustaría estar lleno de gozo? Pero ¿cómo alcanzamos en realidad ese objetivo? Comienza por un cambio en los pensamientos. Cuando usted cambie las preguntas que siempre se hace, comenzará a pensar diferente. Cuando haga mejores preguntas, recibirá mejores respuestas.

En la sección siguiente hallará una gama de ejemplos de Preguntas 4:8 que le ayudarán a mantener la mente llena de gozo. Para un mayor provecho, le exhorto a que elabore sus propias preguntas en los espacios en blanco provistos debajo de cada categoría.

Ejemplos de Preguntas 4:8 para la mañana

(Hágase estas preguntas en cuanto se levante.)

1. ¿Por qué le estoy agradecido a Dios en esta mañana?
2. ¿Cuáles son mis puntos fuertes y cómo puedo usarlos hoy?
3. ¿Cuáles son mis tres victorias recientes y quién recibió bendición como resultado?
4. ¿En qué relaciones podría yo influir hoy de forma positiva?
5. ¿Qué me emociona al pensar que pueda experimentarlo en las próximas doce horas?

Elabore sus propias Preguntas 4:8 para la mañana

1. _____
2. _____
3. _____
4. _____
5. _____

Ejemplos de Preguntas 4:8 para la noche

(Hágase estas preguntas antes de quedarse dormido por la noche.)

1. ¿Qué me salió bien hoy?
2. ¿Qué es lo bueno de mi vida familiar?

3. ¿A quién podría yo alentar o apreciar mañana?

4. ¿Qué decisiones aumentarán mis energías mañana?

5. ¿De qué formas podría aumentar mi servicio en las próximas veinticuatro horas?

Elabore sus propias Preguntas 4:8 para la noche

1. _____

2. _____

3. _____

4. _____

5. _____

Ejemplos de preguntas diarias para un Matrimonio 4:8

(Hágase estas preguntas temprano y a menudo.)

1. ¿Qué hay de maravilloso en mi matrimonio ahora?

2. ¿Qué puedo hacer en las siguientes cuarenta y ocho horas para fortalecerlo aun más?

3. ¿Qué es lo que de veras me gusta de mi pareja y cómo podría expresar mi agradecimiento hoy?

4. ¿Cuáles son las mejores cosas que podríamos hacer juntos y emocionarnos de verdad en los próximos noventa días?

5. ¿De qué maneras podría yo cuidarme mejor esta semana y como resultado cuidar mejor a mi pareja?

Elabore sus propias preguntas para un Matrimonio 4:8

1. _____

2. _____

3. _____

4. _____

5. _____

Ejemplos de preguntas diarias para Padres 4:8

(Hágase estas preguntas para renovar su espíritu paternal.)

1. ¿Qué es lo formidable de ser padre?
2. ¿Cuáles son cinco de mis virtudes como padre?
3. ¿Qué fortaleza puedo imbuir en mis hijos hoy?
4. ¿Qué ocasiones apropiadas para entrenar podría yo crear hoy?
5. ¿Qué espero como padre para el próximo mes?

Elabore sus propias preguntas diarias para Padres 4:8

1. _____

2. _____

3. _____

4. _____

5. _____

Ejemplos de preguntas diarias para Niños 4:8

(Estas preguntas son formidables antes de acostarse.)

1. ¿Por qué cosas estoy agradecido y cómo puedo demostrar mi gratitud?
2. ¿Qué avances logré hoy? (Logros, mejoras, descubrimientos y otras cosas buenas).
3. ¿Qué cosa emocionante espero para la próxima semana?
4. ¿En qué soy bueno de verdad o en qué podría ser buenísimo si practicara más?
5. ¿Cuál sería un objetivo divertido o una idea buenísima en que me gustaría trabajar mañana?

Elabore sus propias preguntas diarias para Niños 4:8

1. _____

2. _____

3. _____

4. _____

5. _____

Ejemplos de preguntas diarias para enfrentar la adversidad

(Hágase estas cuando sea necesario.)

1. ¿Qué bendiciones me rodean hoy?
2. ¿Qué hay de bueno o qué podría haber de bueno en esta situación?
3. ¿Cómo podría ser esta situación una bendición disfrazada?
4. ¿Qué lecciones podría yo aprender?
5. ¿Qué pasos productivos podría yo dar hoy?

Elabore sus propias preguntas diarias para enfrentar la adversidad

1. _____

2. _____

3. _____

4. _____

5. _____

PENSAMIENTOS PROMOTORES DE GOZO

Una afirmación es una expresión perfecta de fe. Al afirmar o declarar lo que esperamos y por lo que oramos, fortalecemos la creencia de que su obtención se acerca. Las afirmaciones ayudan a entrenar nuestras mentes a ver las bendiciones que Dios ya ha derramado en nuestras vidas. Son una herramienta muy efectiva para edificar la fe. Las páginas siguientes contienen ejemplos de esos pensamientos gozosos en una gama de categorías. Considere cada afirmación como una vitamina mental positiva o «acondicionador de pensamientos». Para un valor añadido, desarrolle sus propias afirmaciones en los espacios en blanco que se dan.

Declare energía máxima

- ¡Deseo el máximo de energía!

- ¡Disuelvo las emociones negativas!

- Deseo proteínas puras, carbohidratos saludables y grasas esenciales.

- Pienso y hablo de mí solo como saludable y vibrante.

- Tomo mucha agua pura.

- Compenso el estrés con la recuperación.

- Planifico mis comidas y meriendas.

- Mi metabolismo funciona con eficacia.

- Estoy libre de hábitos destructivos.

224

- Me tomo un tiempo para estar a solas con Dios todos los días.

- Soy inmune a las malas noticias, los chismes y cualquier otra negatividad.

- ¡Estoy recargado y listo para afectar a otros de manera positiva!

Componga sus propios pensamientos que declaren energía máxima

- _____

- _____

- _____

- _____

- _____

Declare una fe inconmovible

- ¡Mi fe es más que fuerte!

- Amo a Dios y confío por completo en Él.

- ¡Soy atrevido!

- Recibo con alegría una fe inconmovible.

- Separo un tiempo para estar con Dios todos los días.

- Me rodeo de gentes de fe fuerte.

- Me transformo por la renovación de mi mente.

225

- Memorizo la Escritura.

- Lo dejo y se lo dejo a Dios...

- Creo en la bondad de Dios.

- Pienso en lo que es amable, bueno y excelente.

- Mi estilo de vida respalda mi fe inconmovible.

Componga pensamientos que proclamen una fe inconmovible

- _____

- _____

- _____

- _____

- _____

Declare un alto rendimiento

- Soy responsable.

- Emprendo acciones cada día para lograr mis objetivos.

- ¡Soy una máquina aprendiendo!

- ¡Tengo confianza y soy atrevido!

- Soy paciente y persistente.

- Me rodeo de ganadores.

- Con la ayuda de Dios lo haré.

226

- ¡Doy con pasión!

- Soy un ser humano bien ajustado, equilibrado y en extremo capaz.

- Tengo una honestidad impecable.

- He puesto por escrito metas específicas y retadoras.

- Reescribo y repaso mis metas a diario.

Componga sus propios pensamientos que afirmen un alto rendimiento

- _____

- _____

- _____

- _____

- _____

Afirme el matrimonio

- Pongo a Dios en el centro de mi matrimonio.

- Baño mis relaciones en oración.

- Me perdono a mí mismo y a mi cónyuge con facilidad.

- Me comunico con claridad y exactitud.

- Soy paciente, bondadoso y razonable.

- Busco y me fijo en los puntos fuertes de mi pareja.

- Tomo la iniciativa de mantener fuerte nuestro matrimonio.

- Tengo calma, confianza y alegría.

- ¡Aumento el gozo en nuestro matrimonio!

- Hago ejercicios y me mantengo en forma.

- Soy responsable en cuanto a finanzas.

- Valoro a mi cónyuge con mis decisiones diarias.

Componga pensamientos que hablen del matrimonio

- _____

- _____

- _____

- _____

- _____

227

Declare una paternidad efectiva

- Soy un progenitor responsable.

- Tengo claras mis prioridades.

- Sé cuál es el objetivo de tener hijos.

- Doy un ejemplo piadoso con mi vida.

- Siempre estoy alentando a mis hijos.

- Mis decisiones diarias dan lecciones positivas.

- Establezco límites claros y permanezco firme.

- Aprendo todo lo que puedo.

- Invierto bastante tiempo con mis hijos.

- Oro con mis hijos y por ellos.

- Dios está obrando a través de mí y de mi familia.

- Estoy educando niños de carácter.

Componga pensamientos que declaren una progenitura efectiva

- _____

- _____

- _____

- _____

- _____

Declare paz mental

- Mantengo mis pensamientos puestos en la paz.

- Tengo calma y compostura.

- Medito en la Escritura.

- Dejo que mi estrés desaparezca.

- Descanso en la fortaleza de Dios.

- Me tomo tiempo para estar quieto.

- Mi mente está tranquila y serena.

- Lleno de gozo confío en Dios.

- Escojo la paz.

- Estoy libre de negatividad.

- Me siento cómodo.

- Dios está siempre conmigo.

Componga pensamientos que declaren paz mental

- _____

- _____

- _____

- _____

- _____

Reconozca lo bueno de sus hijos

• Eres un hermoso y maravilloso hijo de Dios.

• Amas a Dios más que a nada en el mundo.

• Tu papá y yo te amaremos siempre, sin importar nada.

• Respetas y obedeces a tus padres.

• ¡Con Cristo nada te detiene!

• Tomas decisiones sabias.

• Piensas con tu cabeza.

• Tú escoges tus pensamientos.

• Tienes objetivos.

• Sonríes mucho.

• Dices palabras lindas de ti mismo y de los demás.

• Eres una obra maestra de Dios y única en su género.

Componga pensamientos que reconozcan lo que son sus hijos

• _____

• _____

• _____

• _____

• _____

Declare reacciones ingeniosas en la adversidad

- Dios está conmigo y me ayuda.

- Yo sé que esto también pasará.

- Estoy aprendiendo lo que necesito aprender.

- Confío en Dios pase lo que pase.

- Mantengo mis pensamientos en Dios.

- Estoy lleno de la paz de Dios.

- Hago lo que necesito hacer.

- Pido ayuda.

- Emprendo una acción constructiva ahora.

- Mi fe crece.

- Glorifico a Dios con mis reacciones.

- Estoy buscando soluciones.

Componga pensamientos que declaren reacciones ingeniosas en la adversidad

- _____

- _____

- _____

- _____

- _____

Declare éxito financiero

- Soy un mayordomo fiel.

- Dios es mi recurso y mi proveedor.

- Me sirvo de consejos sabios.

- Me concentro en el servicio y la contribución.

- Pago mis cuentas con gozo.

- Estoy contento con el éxito financiero.

- Creo en la abundancia.

- Abandono todo estrés que se refiera al dinero

- Tengo objetivos financieros específicos.

- Procuro un margen financiero.

- Diezmo y doy para las causas dignas.

- Tengo bastante.

Componga pensamientos que declaren éxito financiero

- _____

- _____

- _____

- _____

- _____

MEMORIZACIÓN

Como vimos en el capítulo 8, memorizar la Escritura es uno de los métodos más sencillos y más antiguos que hay para refrescar la mente. Cuando se guardan versículos de la Escritura en la memoria, comienza el proceso de expulsar los pensamientos negativos y limitantes y reemplazarlos con el maravilloso poder y potencial de las promesas de Dios. Recuerde: la Palabra de Dios no se queda dormida una vez que se interioriza:

233

> La palabra de Dios es viva y eficaz, y más cortante que toda espada de dos filos; y penetra hasta partir el alma y el espíritu, las coyunturas y los tuétanos, y discierne los pensamientos y las intenciones del corazón. (Hebreos 4:12)

Encontrará que los versículos relacionados abajo valen muy bien la pena que uno se los aprenda. A medida que explore la Biblia, encontrará un suministro ilimitado de esas gemas espirituales. Cuando almacene esas verdades inspiradoras en su banco de memoria le sorprenderá el gozo y la fortaleza que recibirá como resultado. Le recomiendo que cada semana escriba un versículo en una tarjeta y lo lleve consigo toda la semana, y lo lea diez o veinte veces al día.

1. SALMO 28:7

> *Jehová es mi fortaleza y mi escudo; en él confió mi corazón, y fui ayudado, por lo que se gozó mi corazón, y con mi cántico le alabaré.*

2. MATEO 11:28

Venid a mí todos los que estáis trabajados y cargados, y yo os haré descansar.

3. NEHEMÍAS 8:10

No os entristezcáis, porque el gozo de Jehová es vuestra fuerza.

4. PROVERBIOS 3:5

Fíate de Jehová de todo tu corazón, y no te apoyes en tu propia prudencia.

5. FILIPENSES 4:13

Todo lo puedo en Cristo que me fortalece.

6. ISAÍAS 26:3

Tú guardarás en completa paz a aquel cuyo pensamiento en ti persevera; porque en ti ha confiado.

7. ROMANOS 8:37

Antes, en todas estas cosas somos más que vencedores por medio de aquel que nos amó.

8. GÁLATAS 6:9

No nos cansemos, pues, de hacer bien; porque a su tiempo segaremos, si no desmayamos.

9. SANTIAGO 1:17

Toda buena dádiva y todo don perfecto desciende de lo alto, del Padre de las luces, en el cual no hay mudanza, ni sombra de variación.

10. FILIPENSES 2:5

Haya, pues, en vosotros este sentir que hubo también en Cristo Jesús.

11. ISAÍAS 30:15

En quietud y en confianza será vuestra fortaleza.

12. SALMO 91

El que habita al abrigo del Altísimo
    Morará bajo la sombra del Omnipotente.
Diré yo a Jehová: Esperanza mía, y castillo mío;
    Mi Dios, en quien confiaré.
Él te librará del lazo del cazador,
    De la peste destructora.
Con sus plumas te cubrirá,
    Y debajo de sus alas estarás seguro;
    Escudo y adarga es su verdad.

No temerás el terror nocturno,
Ni saeta que vuele de día,
Ni pestilencia que ande en oscuridad,
Ni mortandad que en medio del día destruya.
Caerán a tu lado mil,
Y diez mil a tu diestra;
Mas a ti no llegará.
Ciertamente con tus ojos mirarás
Y verás la recompensa de los impíos.

236

Porque has puesto a Jehová, que es mi esperanza,
Al Altísimo por tu habitación,
No te sobrevendrá mal,
Ni plaga tocará tu morada.
Pues a sus ángeles mandará acerca de ti,
Que te guarden en todos tus caminos.
En las manos te llevarán,
Para que tu pie no tropiece en piedra.
Sobre el león y el áspid pisarás;
Hollarás al cachorro del león y al dragón.
Por cuanto en mí ha puesto su amor, yo también lo libraré;
Le pondré en alto, por cuanto ha conocido mi nombre.
Me invocará, y yo le responderé;
Con él estaré yo en la angustia;
Lo libraré y le glorificaré.
Lo saciaré de larga vida,
Y le mostraré mi salvación.

Mi oración es que *El Principio 4:8* haya avivado «el fuego del don de Dios que está en ti», y que experimente y difunda el gozo de Dios siempre ¡por el resto de su vida!

ACERCA DEL AUTOR

Tommy Newberry es el fundador y entrenador principal del Club 1%, una organización dedicada a ayudar a los empresarios y a sus familias a desarrollar al máximo todo su potencial. Como pionero del campo del entrenamiento para la vida desde 1991, Tommy ha equipado a líderes de negocios en más de treinta industrias, para que trabajen menos, ganen más y disfruten de una satisfacción mayor con los objetivos correctos.

Tommy es el autor del libro *El éxito no es un accidente*, *366* *Days of Wisdom & Inspiration* (*366 días de sabiduría e inspiración*) y numerosos programas de audio, que incluyen la exitosa serie *El éxito no es un accidente: Secretos del mejor 1%*. Conocido por su estilo de entrenador, abrupto, muy práctico y carente de nimiedades, Tommy se ha ganado el título de Entrenador de éxito de los Estados Unidos. Su pasión por desarrollar a la persona total es evidente a través de sus talleres en vivo, sus presentaciones de ideas clave, libros y cursos de audio. El retiro anual planificado para parejas, de Tommy, lleva herramientas de planeamiento de talla mundial al ámbito de la familia, lo que permite a maridos y mujeres diseñar una vida en común más equilibrada, simplificada y enriquecedora.

Como es un ávido establecedor de metas, Tommy se ha ganado la certificación de técnico médico de emergencia y de buzo de rescate de la PADI; además ostenta la cinta negra en el arte marcial coreano del choi kwang do. Vive en Atlanta con su esposa Kristin y tres varones. Para contactar a Tommy, por favor visite el sitio www.tommynewberry.com.